「うらやましい」がなくなる本

植西 聰
Akira UENISHI

プレジデント社

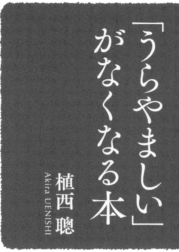

まえがき

誰でも、人を「うらやましい」と思うことがあるでしょう。

そんな、人のことを、うらやましく思ってばかりいる自分自身を情けないと、イジケた気持ちになっている人もいると思います。

確かに、「うらやましい」という思いは、妬《ねた》み、嫉妬《しっと》、憎らしいという気持ち、腹立たしさなど、様々なネガティブな感情を生み出してしまうことがあるようです。

そして、自分自身の心を傷つけたり、やる気を失わせたり、人間関係を壊してしまうことにつながっていきます。

言い換えれば、この「うらやましい」という思いを上手にコントロールし、人のことをうらやましく思う感情とうまくつきあっていく方法を身につけておくことが、幸せに、安らかに生きていくために大切になってくるのではないでしょうか。

本書は、そんな**「うらやましい」という思いを、どのようにコントロールしていくか、**をテーマに書かれています。

人は一人では生きていけません。たくさんの人と共に生きています。そのような中で、人はついつい、自分と他人とを見比べてしまいがちです。

そして、「この人は、私が持っていないものを持っている」ということに気づきます。

「あの人は、私よりもずっとすぐれている」ということがわかってきます。

「この人は私よりも幸せそうだ」と思います。

そこに「うらやましい」という気持ちが生じます。

この「うらやましい」という気持ちから、自信を失ってしまう人もいるでしょう。

「私がいくらがんばっても、あの人には追いつけない」と、生きる意欲をなくしてしまう人もいるかもしれません。

しかし、この**「うらやましい」という思いをバネにして、一層、強い思いで未来へ向かって突き進んでいくことも可能**なのです。

本書では、「うらやましい」という思いを、がんばる意欲へと変えていく方法もあわせてアドバイスしたいと思っています。

もっとも良くないのは、「うらやましい」という思いから、自分の良さを見失ってしまうことではないでしょうか。

人は誰でも、たくさんの長所を持っています。すばらしい才能を持っているのです。

しかし、この「うらやましい」という思いにとらわれてしまうと、なかなか、そんな自分の良さに気づけなくなってしまうのです。

その結果、せっかく良いものを持っていながら、それに気づかず、「私はダメ人間だ」と決め込んでしまうことになりがちです。

それは、自分の人生にとって、非常にもったいないことだと思います。

そういう意味から言っても、**「うらやましい」という感情を、自分の良さを生かすために使う方法を学んでおくことが大切です。**

本書が、その助けになれば幸いです。

著者

「うらやましい」がなくなる本　○目次

第1章 「うらやましい」「憎らしい」から「うらやましい」が生まれる

第2章

人と自分とを見比べるから、人がうらやましくなる

第3章

人をうらやましがるよりも、自分らしく生きる

第4章

人をうらやましく思うより、自分の良さに気づく

第5章

劣等感が「うらやましい」をつくり出す

第6章

「うらやましい」で、人間関係が壊れていく

第7章

お金のことで、人をうらやましく思わない

第8章

「うらやましい」から虚しい欲が生まれる

第9章

うらやましく思う前に、自分の土台をしっかりつくる

第1章

「うらやましい」から「憎らしい」が生まれる

「うらやむ」とは、「心を病む」ことである

よく、「人をうらやましく思う」と言う人がいます。

「私よりも仕事ができる、あの人のことがうらやましい」

「あの人は私よりもずっと恵まれた境遇にある。うらやましい」

「性格が良く、たくさんの人に好かれる、あの人のことがうらやましい」

この「うらやましい」という思いは、もちろん誰にでもあると思います。

また、日常的な感情です。

ですから、普通であれば、この「うらやましい」という思いを感じたとしても問題はありません。

しかし、この「うらやましい」という感情にあまり強くとらわれてしまうと、色々と問題が出てきます。

たとえば、そのために自信を失ってしまう人もいます。

「私は、どうせ、努力しても無駄だ」と、意欲を失ってしまう人もいます。

「うらやましく思う相手の足を引っ張ってやろう」と意地悪なことをして、結局は自分自身が周りの人たちから軽蔑されてしまう場合もあります。

「うらやむ」という言葉自体に、実は、「心を病む」という意味があります。

「うらやむ」の「うら」には「心の中の働き」という意味があり、「やむ」は「病む」ということです。

つまり、この言葉は、**「人をうらやむ気持ちが強くなりすぎると、そのために自分の心が病んでしまうことが往々にしてある」**ということを示しているのです。

そうならないためには、この「うらやましい」という感情を上手にコントロールしていく方法を学ぶことが大切になります。

そうすれば、「うらやましい」という感情で、心を病むことはありません。

人をうらやむ心を、上手にコントロールする

「自分もそうありたい」という気持ちを持つ

人を「うらやましい」と思う気持ちを持つことは、必ずしも悪いことではありません。

たとえば、同じ職場に、自分よりも能力があって、仕事もでき、上司や同僚たちからの評判もいい社員がいたとします。

そんな同僚が身近にいれば、もちろん「うらやましい」という気持ちが生じます。

しかし、そんな「うらやましい」という気持ちを、

「私も、あの人に負けないように、がんばろう」

「あの人は、どういう仕事のやり方をしているのだろう。それを学んで、自分の仕事に役立てよう」

「仕事の能力向上のために、あの人はプライベートでどのような勉強をしているのだろう。それを教えてもらって、見習おう」

というように切り替えることができれば、自分の成長につなげることができるのです。

ところで、「うらやむ」という言葉を辞書で調べると、次の二つの意味があることがわかります。
① 他の人が恵まれていたり、自分よりもすぐれていたりするのを見て、自分もそうありたいと思う。
② 他の人の境遇や資質が自分よりもすぐれているのを見て、それを妬《ねた》ましく思う。
そこで、①のように**「自分もそうありたいと思う」という気持ちを持つこと**がカギになります。そうすれば、「うらやましい」という感情を、努力の原動力にして自分の成長につなげていけるのです。

しかし、②のように「妬み」の気持ちが生じてしまうと、そのために「自分の心が病む」という結果になりやすいのです。

妬みの感情は、自分自身をダメにする

「憎らしい」と思うと、一層、自分がミジメになっていく

「妬《ねた》み」とは、自分よりもすぐれたものを持つ人をうらやましく思い、そして同時に、その相手を「憎らしい」と思うことです。

人をうらやましく思う気持ちに、この「憎らしい」という感情が混じり込んでくると、結局は、自分自身の「心が病む」ことになってしまうのです。

「あの人のことがうらやましい」という感情から、「あの人のことが憎らしい」と考えるようになり、それがエスカレートすれば、「あの人のせいで、私はミジメな思いをしなければならない」と、人を逆恨《さかうら》みするまでになるのです。

このような、「逆恨み」の感情によって、自分自身の心が病むようになるのです。

そのために、自分の将来のことを前向きに考えることができなくなります。

また、今やらなければならない仕事にも集中できなくなります。

結果的に自分の人生が一層、マイナスの方向へ傾いていってしまうのです。

そのような状態にならないためには、「うらやましい」という感情に「憎らしい」という感情が混じり込まないように注意することが大切です。

具体的に言えば、**「うらやましい」という感情に対して、できるだけ理性的に、客観的に考える**ように心がけることです。

「なぜ、あの人は、私より仕事ができるのか」

「どうして、あの人は、たくさんの人に好感を持たれるのか」

といったことを、理性的に、客観的に考えてみるのです。

そうすれば、たくさんのことが学べるはずです。

そして、その学んだことを、自分の人生に生かしていくのです。そのようにしてこそ、人をうらやましく思う気持ちが自分の成長につながっていくと思います。

「うらやましい」という感情に、理性的に、客観的に向きあって、それを自分の成長につなげていくことができれば、「憎らしい」という感情に惑わされずに済みます。

理性的に、客観的に考えることを心がける

不幸のもっとも大きな原因は、妬みにある

イギリスの哲学者にバートランド・ラッセル（19～20世紀）がいます。

世界中に大きな影響を与え、ノーベル文学賞を受賞した人物でもあります。

ラッセルは、「人間の不幸のもっとも大きな原因の一つは、恐らくは妬みである」と述べました。

「妬み」とは、人をうらやましく思い、同時に憎らしく思うことです。

そして、その「妬み」という感情によって、自信を失い、感情が乱れ、今やるべきことに集中できなくなる場合もあります。

そのような精神状態になることは、その人にとって、不幸なことだ、とラッセルは言っているのです。

このように「うらやましい」という思いから生じる、「妬ましい」という感情に振り回

されて、自分自身を見失ってしまう人には、ある共通点があるように思います。

心理学に「自己愛障害《じこあい》」という言葉があります。

「自愛」と言えば、「自分を愛する気持ち」であり、「自分を大切にする感情」であり、また「自分を尊重する心」のことです。

このような自愛を持つことは、健全な生活を送っていく上でとても大切です。

しかし、この自愛が強くなりすぎて、いわゆる「自己愛」になると、周りの人とうまくつきあっていけなくなったり、悩みが大きくなったり、色々と問題が生じます。

これが「自己愛障害」と呼ばれるものです。

特に、**「うらやましい」「妬ましい」という感情に振り回されがちな人は、自己愛が強すぎる傾向がある**と言われています。

そういう意味で、この強すぎる自己愛を少し弱めて、自己愛障害の状態から抜け出すことが大切です。

強い自己愛を少し弱めるようにする

自己愛とは、自分自身への執着心のことである

「誰よりも愛されたい」
「誰よりも高く評価されたい」
「いつも人からほめられていたい」
「いつも優越感に浸《ひた》っていたい」

そのような心理傾向は、誰の心にもあるものかもしれません。

「自分を愛する」「自分を大切にする」という意味での「自愛」を持つのは良いことなのですが、これが「執着する」という自己愛となると、自分自身の心に大きな苦しみを生み出すことになるのです。

たとえば、身近に、自分よりも多くの人から愛され、自分よりも評価が高く、また自分よりも多くの人たちから称賛される人がいたとします。

そんな人を見ると、「うらやましい」という思いにかられます。**自己愛が強すぎると、「妬ましい」「悔しい」という思いに心をとらわれてしまうのです。**

そして、その反動で、自分自身の劣等感に苦しめられることになります。

また、その相手への妬みや嫉妬心《しっとしん》に悩まされることになるのです。

そういう意味で、自己愛が強すぎて執着になることは決して良いことではないのです。

仏教に「無我《むが》」という言葉があります。

「我《が》」とは、「自分自身」のことです。

「無《む》」は、「無《な》くす」ことを意味しています。

つまり、「自分自身への執着心をなくす」ということです。

「自己愛」とは、仏教の考え方で言えば、自分自身への執着心の一つです。

したがって、強すぎる自己愛から「うらやましい」「妬ましい」「悔しい」というネガティブな感情に振り回されやすい人は、自分自身への執着心をなくすことが、この問題を解決する一つのヒントになるのです。

自分への執着心をなくす

「無我夢中」の人は、他の人を無暗にうらやまない

「無我夢中《むがむちゅう》」という言葉があります。

「無我」とは前述のとおり、執着心をなくすこと、自分自身をも忘れることを意味します。

「夢中」とは、一つのことに熱中して、他の余計なことを考えない、ということです。

とかく「人のことがうらやましい」という感情に振り回されてしまいがちな人は、何か自分が無我夢中になれるものを見つけ出すのがいいと思います。

それが「うらやましい」という感情から離れて、気持ちを落ち着けて生きていくコツの一つになるのです。

たとえば、「自分の仕事に無我夢中になる」ということです。もう少し具体的に言えば、「新しい商品を企画開発することに無我夢中になる」、あるいは、「営業成績を上げるために無我夢中になる」というようなことです。

そのように、無我夢中になって何か一つのことに専念するよう心がけることで、自分の周りに、ほめられ、高く評価される人がいたとしても、その人を無暗に「うらやましい」と思うことはなくなるでしょう。

つまり、**「私は、とにかく、このことに集中しよう」という意識が働いて、人のことに気持ちをわずらわされることがなくなるのです。**

仕事は別にして、プライベートの世界でも、無我夢中になって楽しめる趣味などを持つことも大切です。

そのような趣味を持つことで、生活が充実します。精神的に充実していくのです。そして、気持ちが充実すれば、無暗に人をうらやむことがなくなります。

また、何かの資格のための勉強に無我夢中になるのもいいでしょう。

勉強することで自分の成長が実感できます。

自分の成長を日々実感しながら生きていくことも、無暗に人をうらやんでしまうのを防ぐことができます。

無我夢中になれるものを探す

「喜無量心」で、人をうらやむ気持ちを消し去る

仏教に「煩悩《ぼんのう》」という言葉があります。

「煩悩」とは、執着するために人の心を悩ませ、人の心に苦しみをもたらし、そして人の心を汚《けが》す精神作用を意味します。

人をうらやましく思う気持ちも、仏教で言う煩悩の一つです。

この「うらやましい」「妬ましい」という煩悩を心から消し去る方法の一つとして、仏教では「喜無量心《きむりょうしん》」というものを説いています。

この「喜無量心」には、「他の人に喜ばしい出来事があった時は、限りなくそれを自分のことのように喜ぶ」という意味があります。

たとえば、友人の一人がとてもステキな人と結婚したとします。

そのような時、その友人を「うらやましい」と思うこともあるでしょう。しかし、その

「うらやましい」という思いがあまりに強くなってしまうと、そこに「あの人のことが妬ましい」「あの人のことが憎らしい」「あの人のことをイジメてやりたい」などという良からぬ感情が生まれてきてしまいます。

そして、そういう思いによって、傷ついてしまうのは、実は、自分自身なのです。

ですから、仏教では「喜無量心」を勧めるのです。

友人がステキな人と結婚してうれしそうにしていたら、そのことを心から喜んであげるのです。

その人にとっての喜ばしい出来事を、自分自身のことのように喜ぶのです。そして、心から祝福を送るのです。

そういう意識を持つことで、「うらやましい」という感情に振り回されずに済むのです。

「妬ましい」「憎らしい」「イジメてやりたい」といった感情で心が汚されずに済むのです。

「うらやましい」より、人の幸福を喜ぶ気持ちを持つ

慈悲の瞑想によって、心の安らぎを得る

人のことを強くうらやましく思う気持ちは「嫉妬」になります。

嫉妬の「嫉」の文字にも、また「妬」の文字にも、「人のことをうらやましく思い、そして妬んだり憎んだりする」という意味があります。

また「嫉」は、左に「おんなへん」、右側は「やまいだれ」に「矢」という文字が組み合わされています。これは「人をうらやんだり妬ましく思うと、心を病み、矢を刺されたような苦しみを受ける」ということを暗示しています。

「妬」は、左に「おんなへん」、右側に「石」という文字があります。この「石」は、単に一つの石がそこにあるというのではなく、たくさんの石が積み重なっている状態を意味しています。

つまり、嫉妬とは、「人をうらやんだり妬ましく思うと、石のように重苦しい感情がた

くさん積み重なって、うつ状態になる」ということを示しているのです。

そして、「嫉」にも「妬」にも「おんなへん」がついているのは、「人をうらやみ妬むのは、女性にありがちな心理傾向だ」という意味があるのですが、これは古い迷信でしかなく、実際には女性に限った特徴ではなく、男性にもよくあることのように思います。

妬ましい相手を好きになる練習をする

ところで、このような嫉妬心を消し去って、心を清浄で安らかな状態に戻す方法の一つに「慈悲の瞑想《めいそう》」というものがあります。

これは仏教の修行法の一つなのですが、この「慈悲」は、「生きるものすべてを愛する」ということを意味しています。つまり、**自分がうらやましく思う相手、妬ましく思う相手を含めて、すべての人たちを愛する**という気持ちを持つのです。

瞑想しながら、うらやましく思う相手、妬ましく思う相手の顔を思い浮かべて、「あの人が幸せでありますように」と念じるのです。

そうすることで嫉妬から生じる「妬ましい」「憎らしい」という気持ちが消え去って、心が安らいでいきます。

「優越感に浸りたい」という気持ちを捨てる

「うらやましく思う相手を好きになる」

「うらやましく思う相手を尊敬する」

という心の練習を積み重ねていくことはとても大切です。

人は、往々にして、うらやましく思う相手を妬み、また憎む傾向があります。

特に自己愛の強い人ほど、自分よりも幸福そうな人を見てうらやましく思い、そして妬みや憎しみといった感情に自ら苦しむことになりがちです。

自己愛の強い人は、「いつも優越感に浸っていたい人」とも言えます。

ですから、このタイプの人は、たとえば、会社で自分よりも活躍している人がいれば、その人を妬み、また憎しみの感情を抱くことがあります。

自分より優秀な人がいるために、優越感に浸っていられなくなるからです。

また、このタイプの人は、うらやましく思う相手の欠点を見つけ出して悪口を言いふらすこともあります。

時には、妬ましく思う相手の足を引っ張ろうとします。

また、憎しみを抱く相手のジャマをしようとすることもあります。

そのようなことまでして相手の評判をおとしめて、自分が優越感に浸っていたいのです。

しかし、やがて、そんな情けないことばかりしている自分自身に嫌悪感がわいてくるのです。

「私はなんて愚かな人間なんだろう」と、気持ちが落ち込んでいくだけなのです。

そんな事態に陥《おちい》らないために、まず初めにうらやましく思う相手を「好きになる」「尊敬する」という意識を持つよう心がけることが大切です。

それが心安らかに生きるコツになります。

相手を見下すのではなく、尊敬する

何が自分の人生にプラスになるか、考えてみる

嫉妬や妬み、憎しみといった感情からは、自分の人生にプラスになるようなことは何も生まれてきません。

逆に、相手を好きになることで、相手の長所が見えてきます。

そうすれば、「あの人の長所を私も取り入れて、私自身の人格を高めることに役立てよう」という素直な気持ちを持つことができます。

つまり、相手を好きになることで、自分の人生にプラスになることが様々な形でもたらされるのです。

また、うらやましく思う相手を尊敬することで、「どんな努力をすれば、あの人のように立派な人間になれるのだろう」と意識が向くようになります。

そして、その努力の仕方が見つかれば、「私も自分なりに、あの人がやっているように

努力してみよう」という気持ちにもなります。

それは結果的に、自分の成長に大いに役立つことになるでしょう。

うらやましく思う相手のことを好きになる、尊敬するのは、難しいかもしれません。

初めは、どうしても、「妬ましい」「憎らしい」という感情に心がとらわれてしまうかもしれません。

しかし、**意識して「好きになる」「尊敬する」ことを心がけていくうちに、自然に、素直に、そのようなポジティブな考え方ができるようになります。**

また、「ポジティブな考え方をするほうが、自分にとって良いことがたくさんある」ことがわかってくれば、一層、自然に、また素直に「好きになる」「尊敬する」ことができるようになるのです。

ですから、あきらめないで発想の転換をしていくことが大切です。

「妬ましい」「憎らしい」の発想を転換する

第2章

人と自分とを見比べるから、人がうらやましくなる

見比べるのではなく、学ぶという意識を持つ

一般的に、人は他の人のことが気になるものです。

そして、人と自分とを見比べて、あれこれ考えてしまいがちです。

相手に自分よりもすぐれている点を見つけては、「あの人がうらやましい」などと考えてしまいます。

しかし、そんなふうにして人と自分とを見比べていても、良いことはありません。自分のダメなところばかり見えてきて、劣等感に苦しむことになってしまうからです。

「人のことが気になる」というのは、しょうがないことです。

人は集団の中で生きていきます。

いつも近くには他の人がおり、また他の人となんらかの形で関わりながら生きています。

そういう意味では、誰であっても、他の人の存在が気になるものだと思います。

そんな時は、意識の持ち方を変えるほうがいいと思います。

人と自分とを「見比べる」のではなく、人から「学ぶ」という意識を強く持つほうがいいと思います。

自分の周りには、自分が持っていない知識や能力がある人がたくさんいます。

そこで見比べるから、自分のふがいなさが意識されて、気持ちが落ち込んでくるのです。

ですから、人から学ぶという意識を持つのです。

そのほうが前向きな気持ちで、人とつきあっていけます。

そして、**周りの人たちが持つ知識や能力から学ぶことができれば、それが自分の成長につながっていくのです。**

それは、自分にとって良いことだと思います。


人と自分とを見比べるから、気持ちが落ち込む

人と比べられた時の対処法とは？

ある外食産業の会社では、新入社員教育に際しての取り決めがあるといいます。

それは、「上司が新入社員同士を比べない」ということです。

比べてしまうと、色々と良くないことが生じやすいのです。

たとえば、上司が新人同士を比べるようなことをすれば、

「私は○○君と比べて、どうして、もの覚えが悪いんだ」

「□□さんは、こんなに上達しているのに、私はいつまでも不器用なままだ」

といったように比べられた当事者は、○○君や□□さんをうらやましく思います。

次に、「早く○○君や□□さんに追いつかなければ」と、気持ちが焦《あせ》ってきます。

そのために、気持ちばかりが空回りして、しっかりと物事を習得していくことができなくなってしまう場合もあるのです。

また、焦りから、余計なミスをしてしまうことになるかもしれません。

そうなれば、気持ちが落ち込んでいくばかりです。

結局は、「私はいくらがんばっても○○君や□□さんに追いつくことはできない」と、あきらめてしまうかもしれません。

ですから、その会社では、「上司が新入社員同士を比べない」ということを取り決めているのです。

しかしながら、世の中は、そのような会社ばかりではありません。

上司から「キミは、誰々に比べて」というような言い方をされて落ち込んだ、という経験を持つ人もいるかもしれません。

そのような時は、あくまでも自分のペースを守り、他人を気にしないようにすることが大切です。

比べられても、気にしない

「自分は自分、人は人」で、小言を聞き流す

上の者は誰かを指導したりする時に、第三者と比較しながら叱ることがよくあります。

たとえば、子供の頃、母親から、

「あなたは、どうして○○ちゃんのようにお行儀《ぎょうぎ》良くできないの」

といった言われ方をした、という人もいると思います。

大人になってからも、会社の上司から、

「キミはどうして□□君のような、面白いアイディアを提案することができないんだ。キミの提案は平凡なものばかりだ」

といった言い方で叱られたことがある、という人がいるのではないでしょうか。

そんな言われ方をすれば、本人としても、○○ちゃんや□□君を意識せざるを得ないようになり、自分と○○ちゃんや□□君とを見比べて、「うらやましい」と思ったり、落ち

込んだりするのです。

そして、場合によっては、そこでやる気を失ってしまうこともあります。

そうならないためには、誰かと比べられて叱られるようなことがあっても、「自分は自分、人は人」と割り切ったものの考え方をしておくほうがいいでしょう。

「私には、私のやり方がある」と割り切って、自分のペースでコツコツと努力を積み重ねていくのです。

そのように割り切って考えるほうが、結局は、自分自身にとって良い結果が導かれると思います。

自分と誰かとを見比べて、うらやましく思ったり、気持ちが焦ったりして自分のペースを乱せば、かえって進歩や成長が滞《とどこお》ってしまうことになりかねないのです。

そうなれば、結局、自分のためにはならないのです。

自分のペースでコツコツ努力するのがいい

カメは自分のペースを守ったから、ウサギに勝った

『ウサギとカメ』という有名なイソップ物語があります。

足の速いウサギと、歩みが遅いカメとが、山のふもとまで駆けっこ競走することになりました。

ヨーイドンで共にスタートしたのですが、足の速いウサギはアッという間にカメを引き離して、先へ行ってしまいました。

ウサギが振り返ると、まだカメの姿は見えません。

ウサギは余裕しゃくしゃくで、「少し、ここで休んでいこう」と、道端で居眠りを始めました。

すると、居眠りをしている間に、カメがウサギを追い抜いて、山のふもとのゴール地点に到着してしまったのです。

ウサギが目を覚ました時には、カメはゴール地点で大喜びしていました。

この話は、一般的には、「いくら能力があっても、油断してはいけない」ということを示しています。

改めて、この話で、なぜカメがウサギに勝てたのかを考えてみたいと思います。

それは、一つには、ウサギが油断して居眠りをしてしまったということがあるでしょう。

しかし、もっと大切なのは、**カメが、歩みが遅いながらも自分のペースをしっかり守り、あきらめずに歩き続けた**、ということにあるのではないかと思います。

カメは、能力のすぐれたウサギと自分とを見比べて、ウサギをうらやましく思ったり、自己嫌悪に陥《おちい》って落ち込んだりすることはありませんでした。

いわば「自分は自分、人は人」という精神で、決して途中であきらめず、自分のペースをしっかり守り続けたのだと思います。

結局、それが良かったのです。

そう考えると、この『ウサギとカメ』の話からは、また違った形で教訓が得られます。

能力が劣っても、しっかり自分のペースを守っていく

コツコツ努力していれば、良い結果は自然についてくる

禅の言葉に、**「結果自然《じねん》に成《な》る」**というものがあります。

「自然《じねん》」は、「自然《しぜん》に。おのずと」ということを意味します。つまり、これは「自分のペースで、コツコツ努力を積み重ねていけば、良い結果というものは、おのずと達成されるものだ」という意味の禅語なのです。

人は周りの人たちを眺めて、自分より実績を出している人がいれば、「うらやましい」という思いにかられます。気持ちが焦ってきて心が乱れ、かえって、やらなければならないことへの集中力が削《そ》がれてしまうこともあります。

自分よりも先に出世していく人がいれば、やはり、「うらやましい」と思います。

そして、「がんばっても一向に報われない私は、どうせ上司から見捨てられているんだ」と、ふてくされてしまうことにもなるでしょう。

そんなふうに周りの人たちに気を取られることは、気持ちが乱れる大きな原因になってしまうのです。

ですから、周りの人の動向にあまり意識を奪われないようにして、**自分のやるべきことに集中し、それをマイペースでコツコツ進めていく**ほうがいいのです。

そうすれば、「良い結果」は自然についてくるのです。

しかし、自分のペースでやっていく途中で、周りの人たちに遅れを取って、「自分一人が取り残されているのではないかと心配になる」という人もいるかもしれません。

そんな心配から周りの人たちと自分とを見比べれば、そこからまた「うらやましい」「妬《ねた》ましい」「悔しい」といった感情に振り回されることになるのです。

ですから、どんな時でも余計なことは心配せずに、強い意識を持って自分のペースを守っていくほうがいいでしょう。結局、自分のことに集中し、自分のペースを守っていく人が、もっとも早くゴール地点まで行き着けるのです。

周りの人を気にするよりも、自分のことに集中する

エコヒイキされている人をうらやんでも無意味である

職場などでは、よく、エコヒイキが問題になります。

たとえば、飛び抜けた実績を出しているわけではなく、またすぐれた能力を持っているわけでもないのに、ある一部の社員が上司からエコヒイキされて何かとかわいがられるのです。

周りの人たちからすれば、そんなエコヒイキされる社員に対して、「うらやましい人だ」という思いもしてくるでしょう。

「私のほうがずっとがんばっているのに、なぜあの人ばかりが上司にかわいがられて、いい思いをしているのか」と、腹立たしい気持ちにかられる人もいると思います。

そして、「世の中は、なんて不公平なのだろう」と、仕事への意欲を失ってしまう人もいるのではないでしょうか。

もちろん、そんなエコヒイキをする上司にも問題があるでしょう。

しかし、エコヒイキというものは、どの世界へ行っても存在するものなのです。

ですから、エコヒイキをする上司や、エコヒイキされている同僚など、あまり意識せずに、いい意味で開き直って、自分は自分のやるべきことを淡々と進めていくほうがいいと思います。

それが、自分の成長と、自分の未来のために一番良いことなのです。

今、上司からエコヒイキされている人がいたとしても、**最終的に高い評価を得るのは、より大きな実績を出す人なのです。**

したがって、エコヒイキされている人など気にせずに、「うらやましい」といった思いに振り回されることなく、より大きな実績を出すことに専念するほうがいいと思います。

そうすれば、そんなに遠くない時期に、今エコヒイキされている人を追い抜いて、自分自身が会社でより高い評価を得る存在になれるでしょう。

エコヒイキなんて気にせずに、自分がやるべきことに専念する

うまくいかない時ほど、人と自分を比較しがちになる

人には、「何をやってもうまくいかない」という時期があります。

そのような時には、仕事において、いくらがんばっても、なかなか良い結果が出ません。

上司からは叱られ、職場では肩身が狭い思いをします。

そのうちに、周りの人たちとの人間関係もおかしくなっていって、何かと誤解を受けたり、陰口を言われたりするようになります。

いわば「逆境」に陥っていくのです。

このような逆境になると、とかく、人のことがうらやましくなってくるものです。

なんの問題も悩みもなく幸せそうにしている人を見ると、とてもうらやましい気持ちにさせられます。

そして、そんな幸せそうな人と自分の今を比べて、「私は、なんてミジメな人間なんだ

ろう」と、気持ちが落ち込んできます。

そこで気持ちがどんどん落ち込んでいくほど、逆境を乗り越えていくパワーもなくなってしまうのです。

このような悪循環にはまらないために、まずは、**「逆境の時には、無暗に自分と誰かを比べない」**ということが大切です。

ヘタに誰かと自分を比べると、気持ちが落ち込んでしまうだけだからです。

ですから、そのようなことはせずに、とにかく自分が今やるべきことに集中するのです。

周りの人がどうかということを気にせずに、余計なことは考えず、ひたすら自分のことに集中するのです。

そうすれば、「気づいたら、逆境を抜け切っていた」ということになるのです。

人と自分を比べていても、逆境は乗り越えられません。**今、自分がやるべきことを一つひとつこなしていくしか、逆境を乗り越える方法はないのです。**

人と自分を比べていても、逆境は乗り越えられない

逆境に苦しむのではなく、逆境を楽しむのがいい

逆境を上手に乗り越えるためには、「逆境を楽しむ」という意識を持つことが大切です。

反対に、「逆境にいる私は不幸だ。逆境にいる私は、なんてミジメなんだ」と思っていると、平穏無事に暮らしている人たちがうらやましく思えてきてしょうがなくなってしまいます。

そして、そんな人たちと比べて、自分が一層、不幸でミジメな存在に思えてくるのです。

「逆境を楽しむなんてことは不可能だ」と思う人もいるかもしれませんが、ちょっと考え方を変えるだけで、それは可能です。

たとえば、次のように考えてみるのです。

「**私は今、とても貴重な経験をしている**。他の人が経験できないような、貴重な経験をしている。きっと、この経験からたくさんのことを学ぶことができるだろう」

「**逆境を通して、私は大きく成長することができるだろう**。逆境によって自分がどう変わっていくのかを想像すると、楽しい」

「**偉大な人たちは、みな、逆境を経験した**。逆境を経験することで、偉大なことを成し遂げたと言ってもいい。私も今、そんな偉大な人間になるための試練を受けているに違いない」

そうすれば、前向きな気持ちで逆境に向かいあえるようになると思います。

そして、その逆境を乗り越えるために、今、自分がしなければならないことだけに集中するのです。

そうすれば、うまくいっている人と自分とを見比べて、イジケた気持ちになったり、自己嫌悪に陥ったりすることもなくなると思います。

逆境に対する意識の持ち方を変えてみる

成長していないように思える自分も、実は成長している

他の人と自分とを見比べて、「私って、成長していないなあ」と感じる人がいます。

「あの人は、ここ一年で、社会人としてすごく成長した。なのに私は、ちっとも成長していない。子供のままだ」

「あの人は、きっと、陰で色々と勉強しているのだろう。だから、目覚ましい成長を遂げている。それに比べて、私はまったく成長していない」

などと思えてきて、そんな「成長している人」をうらやましく思うのです。

ここで、「あの人に負けないように、私もがんばろう」と、前向きに気持ちを切り替えることができればいいのですが、「どうせ私は、いつまでも成長しないダメな人間だ」と自信をなくして、努力する意欲を失ってしまう人もいます。

そういう人は、ちょっと見方を変えてみることが大切です。

すごく成長している人と見比べてしまうから、自分がちっとも成長していないように思えてくるのです。

しかし、実際には、そんな自分も成長しているのです。

各駅停車の電車から、すごいスピードで走り去っていく新幹線を見ていると、自分が乗っている電車がちっとも前に進んでいないように感じるものです。

しかし、その各駅停車の電車も、新幹線よりスピードは落ちますが、着実に前へ進んでいます。

それと同じことなのです。

ですから、あまり人と自分を比べずに、自分もしっかりと成長しているのを、自分で確認することが大切です。

そうすれば、自信を失うことはありません。

人と比べるよりも、自分の成長を実感する

自分は相手をうらやましく思い、相手は自分をうらやましく思う

イソップ物語に『馬とロバ』という話があります。

ある牧場に一頭のロバがいました。

そのロバは毎日、重い荷物を背負わされ、重労働ばかりさせられていました。

しかも、与えられる餌《えさ》は、まずいものばかりでした。

その牧場には、毛並みの良い馬たちも飼育されていました。

その馬たちは飼い主から大切に扱かわれ、また、おいしい餌をたくさん与えられていました。

そんな馬たちを見て、そのロバは「うらやましいなあ。ボクも、あんなぜいたくな暮らしがしたいなあ。ボクも、ロバなんかではなく、馬に生まれたかった」と思っていました。

ある時、戦争が始まりました。

馬たちは、みな、軍馬として戦場に連れていかれたのです。

戦場で死んでいった馬たちもいました。

大ケガを負って牧場に帰ってくる馬もいました。

ある日、一頭の馬が大ケガを負って牧場に帰ってきました。

その馬は、そこにいるロバに言いました。

「キミは戦場で役に立たないから、戦争に連れていかれる心配はない。そんなキミが、うらやましい。ボクもロバに生まれたかった」

それ以来、そのロバが馬をうらやむことはなくなりました。

この話は、自分と比べて他人の境遇をうらやましく思い、**「あの人のような境遇に生まれたかったなどと考えると、逆に不幸になる」**ということを示しているのです。

人をうらやましく思う時、参考になる話だと思います。

うらやましく思っていた相手が不幸になることもある

第3章

人をうらやましがるよりも、自分らしく生きる

「人は人、自分は自分」の生き方を貫く

古代ローマの詩人であるホラティウス（紀元前1世紀）は、
「誰もが自分の選んだ運命や偶然与えられた運命に満足せず、他の道を歩んだ人々をうらやむのはどういうわけだろう」
と述べました。

自分の人生は、多くの場合、自分自身で選んだ人生だと思います。

学生の頃、「私はこういう業界で働きたい」と思い、そしてその業界へ進んだのは、自分が選んだ道であるはずです。

しかし、それにもかかわらず、他の業界へ進んだ友人が自分よりもいい給料をもらい、そして自分よりも大活躍していると聞くと、たちまち「友人が働いている業界のほうが、ずっといい」とうらやましく思う気持ちにさせられてしまうのです。

そして、今担当している自分の仕事への意欲を失ってしまう場合もあります。

また、今つきあっている恋人は、自分自身が選んだ相手であるはずです。

しかし、友人のつきあい始めた恋人が、自分の恋人よりもずっと美人だったりすると、「あんな美人とつきあえる友人がうらやましい」という気持ちに悩まされるようになってしまうのです。

その結果、今の自分の恋人への愛情が冷めてしまう場合もあります。

ホラティウスの言葉は、「人間は、このようにして往々に、今の自分のことに満足できず、人をうらやんでばかりいる」と指摘しています。

しかし、人のことをうらやましく思ってばかりいるのでは、その人はいつまでも充実した人生を実現できないでしょう。

「自分ならでは」の充実した人生を実現したいのであれば、自分で選んだ人生に満足し、それを大切に守っていくことが大切です。

人に惑わされず、「自分は自分」の生き方を貫いていくことです。

人をうらやむと、大切なものを失う

人をうらやんで生きるか、自分らしく生きるか

多くの人は、「自分らしく生きたい」と願っていると思います。そして実際に、自分がやりたい職業を選び、その中で自分が達成したい夢を追いかけているでしょう。しかし途中で、そんな自分の選択が正しかったのかどうか思い悩んでしまうこともあると思います。

音楽の世界で生きていくことが「自分らしい生き方」だと信じて、その世界に入り、ミュージシャンとして活動していた人がいました。

彼の収入は不安定で、貧しい生活をしていました。

彼には学生時代からつきあっている友人がいます。その友人は今、大きな会社に就職し、とんとん拍子に出世して、いい給料をもらっているのです。

そんな友人を見ながら、彼はつい「うらやましい」と思ってしまいました。

「私もミュージシャンなどにならず、大企業に就職してサラリーマンになっていたら、も

っといい暮らしができていたかもしれない」と思えてきたのです。

さらに、「ミュージシャンになって自分らしく生きるという自分の選択は、本当に正しかったのだろうか」という迷いに心をとらわれることになりました。

このように「自分らしい生き方をしたい」と思い、その道を選んだとしても、「うらやましい」という感情が、時として、自分の中に大きな迷いと悩みを生み出してしまうこともあるのです。

そして、そのために自分らしい生き方をあきらめ、そこで大きく方向転換をしてしまう人もいます。

もちろん、自分の人生をどのように生きるかは、本人の自由な意志にかかっています。

しかし、**自分らしく生きて幸せを感じたいならば、迷いを吹っ切って、自分らしく生きたほうがいい**と思います。

そのためには、「うらやましい」という感情を持たないようにすることが大切です。

「うらやましい」が、迷いの原因になる

「自分は自分、人は人」と割り切って、自分らしく生きる

一つの職業に専念することができず、色々な職業を転々と変えていく人がいます。

こういうタイプには、「うらやましい」という感情に振り回されている人が見受けられます。

たとえば、「私にもっとも適した仕事は、これだ。この仕事を通して、自分らしい生き方を実現しよう」という思いから、日本料理の板前《いたまえ》になるため修業を始めた人がいました。

しかし、板前修業は辛《つら》く、一人前になるまで給料もそれほど高くないのです。

そんな時に、「知り合いが、保険のセールスの仕事でいい給料をもらい、楽しい生活を送っている」といった話を聞きました。

そうすると、その知り合いがうらやましく思えてきて、結局は、板前修業をやめて、保険のセールスへ仕事を変えてしまったのです。

しかし、その保険のセールスの仕事も長続きはしなかったのです。

「もっといい仕事に就いて、いい生活をしている人がいる」という話を聞けば、その人のことがうらやましく思えてきて、また仕事を変えてしまうのです。

このようなことを繰り返しているとキリがなくなります。

この世の中には、うらやましく思える人は、どこにでも、たくさんいるものなのです。

そんなうらやましく思える人の話を聞くたびに職業を変えていったら、それこそキリがなく、何歳になっても定職に就けないことになってしまいます。

そうならないためには、「自分は自分、人は人」と、ある意味、上手に割り切ることが大切です。

もし、自分よりもいい給料をもらい、いい生活をしている人の話を聞いたとしても、「私は私、人は人だ。たとえ給料が安かろうと、私はこのまま自分らしい生き方を貫いていく」と、割り切って考えることが大切です。

「うらやましい」で、自分らしい生き方を見失う

自分らしさを貫けば、やがて脚光を浴びる時がやってくる

アメリカの作家で、また脚本家であるアーヴィング・ウォーレス（20世紀）は、

「正しかろうが間違っていようが、自分らしく生きよ」

と述べました。

友人や知り合いが、自分とは別の分野で活躍し、自分よりもずっと幸せそうに生きていると知れば、うらやましく感じられ、「私の生き方は、もしかしたら間違っているのかもしれない」という迷いに心がとらわれることもあるでしょう。

しかし、そこで「**間違っていても、それはそれでいいじゃないか**」と**割り切って、「それでも、自分らしい生き方を貫いていこう」と考えることが大切**だとアーヴィング・ウォーレスは語っているのです。

今は恵まれない状況にあっても、そのように自分らしい生き方を貫けば、やがてどこか

で脚光を浴びる時がやってくるのです。

書家であり、また詩人として有名な人物に、相田みつを（20世紀）がいます。

彼は当初、技巧派の書道家として注目を浴びましたが、「字がうまいだけの書」に疑問を抱き、やがて、自分で作った詩を個性的な書体で表現するようになりました。

もちろんそれが「自分らしい書のあり方だ」と信じてのことだったのですが、あまりにも個性的なものであったために世間からはなかなか認められませんでした。

生活は苦しく、一方で、彼の友人たちはどんどん出世していきます。そんな友人たちを見て、彼は、心の中では「うらやましい」と感じたこともあったかもしれません。

しかし、あくまでも彼は自分の書のスタイルを変えませんでした。

どこまでも、自分らしさを貫いたのです。

その結果、六十歳近くになってから、彼の詩と書をまとめた本が脚光を浴び、彼は大きな成功をおさめるに至ったのです。

この話もやはり、自分らしさを貫くことが結局は成功することになるということです。

「うらやましい」に流されて、自分のスタイルを変えてはいけない

うらやましく思う人と同じことをしても意味がない

自分よりも活躍している人、自分よりも幸せそうな人を見て、その人のことを「うらやましい」と思う人がいます。

そして、「あの人と同じことをすれば、自分も活躍できるんじゃないか。幸せになれるんじゃないか」と思う人もいます。

しかし、そのようにして誰かの生き方をマネしてみても、結局はうまくいかない場合が多いのです。

その人には、その人のやり方があるのです。

そして、自分には自分のやり方があります。みな、**自分のやり方を通してでしか、自分の活躍や幸福といったものは手にできないものなのです。**

アメリカの女優であり、歌手でもあった女性に、ジュディ・ガーランド（20世紀）がいます。『スタア誕生』などのミュージカル映画で成功した女性です。

彼女は、「誰かの二番煎じ《にばんせん》じではなく、自分らしさを追求していくほうがいい」と述べました。

彼女の身近なところに、彼女よりも脚光を浴びている女優や歌手がいたのかもしれません。

そして、彼女は、そんな今を時めく女優や歌手を見て「うらやましい」という感情にかられたのかもしれません。

しかし、彼女は、そうした女優や歌手のマネをして活躍したいとは思いませんでした。

「二番煎じ」とは、「同じことをする。モノマネをする」ということです。

そんなことをしても、失敗すると彼女にはわかっていたのです。

ですから彼女は、あくまでも自分らしい演技、自分らしい歌を追求していったのです。

「人をうらやましく思って、その人と同じことをするよりも、自分らしさを追求していくほうが幸せだ」と彼女は考えていたのでしょう。

あくまでも、自分らしさを追求していく

「うらやましい」と思うことは、自分を否定すること

アメリカの牧師であり、多くの自己啓発書を書いたジョセフ・マーフィー（19～20世紀）は、

「人をうらやむことは、自分自身を否定することであり、自分自身を貧乏にすることだ」と述べました。

ある人をうらやましく思い、そして、「私も、あんな人になりたい」と思ったとします。

それは、自分が今まで生きてきた人生や、自分が今までしてきた努力を、すべて否定することにつながりかねません。

たとえば、自分が今いる会社よりも、知り合いが働いている会社のほうが待遇がいいとします。

そんな知り合いをうらやましく思い、そして「私も、あの人が働いている会社に移りた

い」と思ったとします。

それは、自分が今いる会社でしてきた努力をすべて否定することなのです。

もちろん、信念を持って、ステップアップする意味で転職するのであればいいでしょう。

しかし、「あの人がうらやましい」という感情だけで転職するのでは、それは、自分自身の否定につながってしまいます。

自己否定から、明るい、希望ある未来が開けていくわけはありません。

「うらやましい」という思いで転職したとしても、転職した先の会社では埋《うず》もれてしまうことになるのではないでしょうか。

そういう意味で、マーフィーは、「人をうらやむのは、自分自身を貧乏にすることだ」と言っているのです。

明るい未来と、そして自分自身の繁栄は、自分らしさを大切にする気持ちから生まれてきます。


「うらやましい」から、明るい未来は開けない

人をうらやむと、悪いことが起こる

イソップ物語に『牛をうらやむカエル』という話があります。

ある日、一匹のカエルが野原を歩いていると、一頭の牛に出会いました。

カエルは、大きな体の牛を見て驚き、また、うらやましく思いました。

そして、「自分も牛のように大きな体になりたい」と思いました。

カエルは家に帰りました。

家には、妻と子供がいました。

カエルは、妻と子供の前で、「お父さんは、牛のように体を大きくすることができるんだ」と自慢しました。

そして、たくさん空気を吸い込んで、お腹をふくらませたのです。

しかし、妻と子供たちは、「ぜんぜん牛みたいじゃない」とからかったのです。

そこで、カエルは、さらに大きく息を吸い込みました。

しかし、それでも妻と子供たちは、「ぜんぜん牛みたいじゃない」とからかいました。

カエルは、一層、多くの息を吸い込みました。

それでも妻と子供たちは「ぜんぜん牛みたいじゃない」と言い、そこでまたカエルは大きく息を吸い込んで……ということを繰り返しているうちに、そのカエルのお腹はパンパンにふくれ、とうとう破裂してしまいました。

この話は、「無暗に誰かをうらやましく思い、その相手のようになりたいと思うのは、自分自身の人生にとって決して良くない」ということを表しています。

また、この話では、そのカエルはお腹が破裂してしまいますが、これは人間の人生で言えば「自分らしい生き方を失ってしまう」という意味にも理解できると思います。

誰かをうらやましく思うことが、自分らしさを失ってしまう大きな原因の一つなのです。

人をうらやむと、自分を失うこともある

オンリーワンを目指す人は、人をうらやまない

「ナンバーワンよりも、オンリーワン」と言います。

周りの人と競争し、勝ち残ってナンバーワンになることを目指して努力していく、という生き方もあると思います。

また一方で、**周りの人たちとは違った「自分ならでは」のユニークな生き方を実現していくという生き方もあります。**

現在は、後者のオンリーワンの生き方に憧《あこが》れる人も多くなってきているようです。

それは、良い傾向だと思います。

というのも、ナンバーワンを目指して、ナンバーワンになれればいいですが、ナンバーツウ、ナンバースリー、あるいはそれ以下の順位に甘んじてしまう場合もあるでしょう。

そうなった時、どうしても自分の上にいる人に対して「うらやましい」という感情が生

まれてしまいます。

そして、その「うらやましい」という感情には、「悔しい」「憎らしい」「腹が立つ」「落ち込む」といった様々なネガティブな感情がくっついてしまうでしょう。

そのために心が乱れたり、努力する意欲を失ったりすることにもなるのです。

それならば、誰とも競争しない、「自分ならでは」のオンリーワンの生き方を目指すほうが賢明です。

その生き方を実践していけば、今、自分が置かれている順位を気にすることなどありません。

人をうらやんで、自分の気持ちを乱すということもないでしょう。

周りの人たちの動向によって、イライラしたり、ムカムカしたり、ヤキモキしたりすることなく、じっくりと落ち着いて自分の人生に取り組んでいけるのではないでしょうか。

ナンバーワンを目指すから、人がうらやましくなる

ナンバーワンより、信頼を深めていく生き方がいい

次のような話があります。

ある物品の販売会社に営業マンのAさんとBさんという社員がいました。

Aさんは、トップセールスマンになることを目指していました。

そのために、とにかく数多くの取引先を回ることをモットーにしています。

数多くの取引先を回ることで、一件でも多くの契約を取り、そして自分の業績を上げていく、という戦略です。

しかし、そういう営業方法は、一つひとつの取引先を大切にするというものではありませんでした。一つの取引先を大切にするためには、そのお客さんのために時間を割《さ》かなければなりません。そうなれば、別の取引先のところへ回る時間がなくなってしまうのです。

一方のBさんは、Aさんをうらやましく思いながらも、多くの契約を取って**トップセー**

ルスマンを目指すよりも、一つひとつの取引先を大切にすることをモットーにしていました。

一つの取引先にじっくり時間をかけてコミュニケーションを重ね、そうして信頼関係を築いていく、というやり方です。

トップセールスマンになれなくても、それが「自分ならでは」の、自分にしかできない営業の方法だと信じていたのです。

数年後、その会社は突然、倒産してしまったのです。ＡさんもＢさんも急いで再就職先を探さなければならなくなりました。

Ｂさんは、これまでの仕事で信頼関係を結んでいた取引先から「あなたは信頼できる人だから、うちに来ないか」と誘われて、すぐに再就職先が決まりました。一方でＡさんは、なかなか再就職先が決まらずに、今はＢさんをうらやましく思っている、というのです。

この事例も「ナンバーワンを目指すのは必ずしも良いことではない」ということを物語っているように思います。

オンリーワンのやり方で、人との信頼を築いていく

人から、うらやましく思われたい人ほど、人をうらやむ

「人から、うらやましく思われたい」という人がいます。

しかし、それが自分らしさを失ってしまう一つの原因になるのではないかと思います。

たとえば、うらやましく思われたい人は、ブランドモノで身を飾りたいと願います。

「本当はブランドモノではない洋服を着たい」また、「ブランドモノではない服のほうが自分らしさを演出できる」と思っても、「人から、うらやましく思われたい」という思いからブランドモノを買い集めてしまうのです。

また、恋人選びでも、「学歴が高くて、ハンサムで、収入の多い人を彼氏にして、人から、うらやましく思われたい」という人もいます。

「周りの人からうらやましく思われるのだったら、彼氏は自分が心から好きではない人であってもいい」と考えるのです。

「その人が好きで、一緒にいると気持ちが落ち着き、リラックスして自分らしく振る舞える、といったような相性の合う相手でなくてもいい」というのです。

しかし、そのように、人からうらやましく思われることに成功したとして、本人は幸せなのでしょうか？

きっと、その人は、本当の意味で幸せにはなれないと思います。

人間が幸せに楽しく生きていくために大切なのは、やはり、自分らしさを実現することだと思います。

「人から、うらやましく思われたい人」というのは、また、「人をうらやましく思う人」でもあると思います。

自分よりも、お金持ちで、幸せそうな人がいると「うらやましい」と感じ、強烈な嫉妬《しっと》心《しん》に苦しむことになりやすいのです。

そういう意味からも、「人から、うらやましく思われたい」という願望は、小さくしていくほうが得策です。

うらやましく思われるよりも、自分らしくがいい

自分らしく生きている人は、自分の評判など気にしない

自分の評判を気にする人がいます。

「みんな、私のことについて、どんな評判を立てているのだろうか。みんなから良く思われていたい」という思いが強い人です。

このようなタイプの人は、同時に、「評判のいい人を、うらやましく思う」という気持ちも人一倍強いように思われます。

「あの人は、とってもいい人ね」

「彼は、なかなか見どころがある人だ」

「彼女の発想力は天才的だ」

といった評判のいい人が近くにいると、「うらやましい」という思いが強くなってくるのです。

「自分こそが、いい評判を得たい、よく思われたい」という気持ちが強いだけに、実際に評判のいい人に対して、強い嫉妬心を感じます。

そして、その嫉妬心に思い悩み、振り回され、心が乱されていくのです。

そういう状態にならないためには、自分についてどのように評判されているのかをあまり意識しないほうがいいと思います。

大切なのは、「自分らしく生きる」ことです。

周りには、自分らしく生きていることに対して、悪い評判を立てる人もいるかもしれません。

しかし、**「私は自分の個性を生かし、自分の夢に向かって、自分らしく生きている」という充実感があれば、周りの人たちから何を言われようともあまり気にならないもの**なのです。

結果的には、自分らしさを貫いて生きている人が、周りの人たちから「あの人の生き方はステキだ」と評判を得ることになるでしょう。

評判など気にしないで、自分らしく生きるのがいい

第4章

人をうらやましく思うより、自分の良さに気づく

人をうらやむよりも、自分の良さに気づく

人のことをうらやんでばかりいる人がいます。

「才能がある、あの人がうらやましい」

「幸せな家庭に恵まれている彼がうらやましい」

「たくさんの人から好かれている彼女がうらやましい」

「いい仕事を与えてもらっているあの人がうらやましい」

といった具合です。

しかし、そのように言う、その人自身が、そんなに恵まれていない人なのかと言えば、決してそんなことはないはずです。

その人にも、すばらしい才能があるのです。

良き家族もいるのです。

たくさんの人から好かれてもいます。

いい仕事も与えられているのです。

しかし、そのことに、その人自身が気づかないまま、人のことをうらやましがってばかりいるのです。

それは、その人自身にとって、とても残念なことだと思います。

まずは自分自身で、自分の良さに気づかなければ、人生は良い方向へと進展していきません。

人をうらやんでいるだけでは、人生は進展しません。自分自身がより大きな存在へ成長していくことはないのです。

自分の良さに気づき、そしてその長所を伸ばしていくことで、人生は良い方向へと進んでいきます。そして、自分も成長していくのです。

人をうらやんでばかりいるのではなく、**自分の良さに気づくことは、幸せへの第一歩になります。**


自分の良さに気づいていない人に限って、人をうらやむ

人は案外、自分自身が恵まれていることに気づかない

松下電器産業（現在のパナソニック）を創業したのは、「経営の神様」と言われる松下幸之助（19〜20世紀）という人物です。

松下幸之助は、「人間というものはまことに勝手なもので、人をうらやみ、そねむことがあっても、自分がどんなに恵まれた境遇にあるか、ということには案外、気のつかないことが多い」と述べました。

人のことを「うらやましい」と言っている人は、たいていは、自分の恵まれた境遇に気づいていないものなのです。

その人は、会社では、大きな成果を上げられるような仕事を与えられ、良き同僚や上司にも恵まれている場合も多いのです。それに気づかずに、人のことを「あなたの会社は待遇がいいですね」と、うらやんでばかりいます。

そんな人は、「人がうらやましい」という気持ちを持っている限り、自分の仕事にやる気を出して意欲的に取り組むことはできないでしょう。

せっかく、いい仕事、良き同僚、良き上司に恵まれていたとしても、それを生かして自分の人生の飛躍につなげていくことはできないのです。

自分を卑下《ひげ》し、人のことばかりに意識を向けるのではなく、まずは自分自身の足元を見つめ直すことです。そうすれば、実際には、自分は恵まれた境遇にあることが理解できます。それと同時に、「うらやましい」という気持ちに振り回されることもなくなると思います。

自分自身の足元を見つめ直すために、ノートをつけてもいいでしょう。

ノートに、自分の置かれている環境、恵まれた境遇について一つずつ書き出してみるのです。

それは、意識が変わる一つのきっかけになるのではないでしょうか。

そして、肯定的にものを考えていく出発点になります。

ノートに書き出して、自分が恵まれていることに気づく

人の長所をうらやんでも、しょうがない

イソップ物語に『クジャクとユノ』という話があります。

クジャクという鳥は、とても美しい羽根を持っています。

一方、ナイチンゲールという名の鳥は、とても美しい声で鳴きます。

ある時、クジャクが、女神ユノのところへ行って、

「ナイチンゲールは美しい声でみんなを楽しい気分にさせることができるのに、私が口を開くとみんな笑い出すのです」

と不満を申し立てました。クジャクは美しい声で鳴くことができなかったのです。

すると女神ユノは、クジャクに言いました。

「しかしおまえは、美しい羽根を持っているではないか。首はエメラルド色に輝き、そして色とりどりの立派な尾が大きく広がっている」

するとクジャクが、こう反論しました。

「私はナイチンゲールがうらやましいのです。いくら美しい羽根があっても、歌声が劣っているのが耐えられません」

すると女神ユノは、こう教えました。

「よいか、それぞれに違った長所というものがある。ナイチンゲールには美しい歌声、ワシには強さがあり、そしておまえには美しい羽根がある。自分にないものをうらやましく思うのではなく、自分に与えられたもので満足していくことが大切だ」

人間も同じなのです。

人には「自分ならでは」の長所があります。また一方で、世の中には、自分にはない長所を持っている人もいます。

しかし、そんな自分にはない長所を持っている人をうらやましく思うのではなく、**自分に与えられた長所を大切にし、それを伸ばしていくことを考える**ほうが賢明です。

「自分ならでは」の長所を大切にしていく

よそ見ばかりしていると、自分の良さが見えなくなる

「うらやましい」という感情に振り回されやすい人は、「よそ見ばかりしている人」とも言えます。仕事をしながらも、

「最近結婚したあの人は幸せそうな顔をしているな。うらやましい」

「彼が上司にほめられている。うらやましい」

「仕事が早い彼女は、もうこの仕事を終わらせた様子だ。うらやましい」

と、よそ見ばかりしている人なのです。

そのように、**よそ見ばかりして、人をうらやましく思っていると、自分自身について思いをめぐらすことがなくなります。**

「自分にはどのような長所があり、自分がどのようなことを得意としているか」を考えることがなくなってしまうのです。

それは、その人の人生にとって決して良いことではないでしょう。

ある有能な経営者がいます。

経営者にとっては、同業者の動向が気になるものです。

彼は、「ライバル会社は今、どのような商品を開発しているのか」「業績はどうか」「あそこの社長は今、何を考えているのだろう」といったことを気にしています。

また、本業とは別に新規事業を始めるために、他業界の会社の動向も気にしています。

しかし、そのように、よそ見ばかりしていると、自分の会社の良さや強み、さらに、それを今後どう発展させていくかをよく検討してみる時間がなくなってしまいます。

それから、その経営者は、

「他の会社のことばかりに意識を奪われるのではなく、まずは自分の会社のことを優先して考えるように心がける」

というふうに考えを改めました。

その後、その会社は発展し続けています。

自分の良さや強みについて、じっくり考えてみる

広い視野から自分の良さに気づいてみる

人の価値を、一つの視点からしか見ない、という人がいます。

たとえば、「学歴」という視点からしか、人の価値を見ない人です。

このようなタイプの人は、自分よりも学歴が高い人について、「うらやましい」と強い思いを抱きます。

そして、自分よりも学歴が高い人に対して、自分が、なんのとりえもない人間のように思えてくるのです。

そして、自分よりも学歴が高い人の前では、妙にイジケた態度を取ってしまうのです。

たとえ、学歴では敵《かな》わなくても、他の点で、すぐれたものを本当は持っているはずなのです。

また、自分よりも学歴が高い人でも、自分より劣っている部分もあるはずなのです。

しかし、学歴のことばかりに意識が奪われてしまって、自分にもすぐれた部分があることと、また、相手にも劣っている部分があることに気づけなくなります。

ですから、**一つの視点にとらわれるのではなく、もっと広い視野、多角的な価値観で、自分を含めて人間というものを考えていく**よう心がけることが大切です。

もっと広い視野で人間を見て、自分にも良いところがあると気づくことで、無暗に人を「うらやましい」と思うこともなくなります。

また、誰か特定の人に対して、卑屈《ひくつ》な態度を取ったり、怖気《おじけ》づいたりしてしまうこともなくなります。

そうなれば、自信を持って生きていくことができるようになるでしょう。

一つの視点に縛られないようにする

心を「無」にすれば、広い視野から自分を見つめ直すことができる

禅の言葉に、「一念機《いちねんき》を忘《ぼう》ず」というものがあります。

「一念」とは、一つの考えに凝《こ》り固まっている状態を意味しています。

それは、たとえば、「口ベタな私は、何をやってもダメだ。うまく話せる人がうらやましい」という考えに凝り固まって、自信を失っている状態です。

そして、「機を忘ず」とは、そのように自分の中で一つに凝り固まった考えを忘れ去って、「無心になる」ということです。

気持ちを落ち着け、余計なことを考えず、無心になるのです。

静かな場所で瞑想《めいそう》を行うのもいいでしょう。

そうすると、だんだん、広い視野、幅広い価値観で物事を考えられるようになります。

「上手に話せることが、人生のすべてではない」ということに気づいてくるのです。

また、「上手に話すことはできないが、私にはほかに良いところがある」ということに気づくことができるのです。

たとえば、「私の良いところは、誠心誠意、人のために尽くす、まじめな性格である」と気づきます。

そして、**「私にはダメなところがあるかもしれないが、良いところもたくさんある」と**「口ベタでも、私には積極的な行動力がある」と気づく場合もあるかもしれません。

気づくことができれば、自信を持って生きていけるようになります。

そうなれば、人と自分とを見比べて、「うらやましい」と思ったり、落ち込んだりすることもなくなるのです。

瞑想で、凝り固まった考えを捨てる

数字がすべてではない、過程も大切にしていく

「数字が、すべてだ」と言う人がいます。

たとえば、「仕事は、数字がすべてだ。売り上げをどんどん上げて、業績を上げて、いくら利益を得たかがすべてなんだ」といったようにです。

そのような言葉に影響されて、「高い数字を出してこそ評価される。数字が低ければ、なんの意味もない」と信じている人もいると思います。

しかし、数字とは、その努力とは必ずしも比例しないこともあります。

「一生懸命がんばっても、数字がついてこない、高い数字が結果として出ない」という場合もあるのです。

そんな時は、虚《むな》しい気持ちにもなりますし、「難なく高い数字を出す人がうらやましく思えてしょうがない」という気持ちにもなるでしょう。

そして、「こんなに努力しても高い数字が出ない私は、きっと運から見放された人間なんだ」と気持ちが沈んでくることにもなります。

また、落ち込んだまま立ち直れなくなる人もいるかもしれません。

そういう意味では、「数字がすべて」という考え方をあまり強く意識しないほうがいいと思います。

もちろん、高い数字を出すことは大事です。

しかし、それと同時に、「どのような努力をしてきたか」という過程も大切です。

過程というものを大切に考え、**たとえ良い結果が出なくても、がんばった自分を自分自身で認めてあげる意識を持つ**のです。

がんばった自分を認めることができてこそ、「今回は思うような数字が出なかったが、またがんばろう」という意欲も生まれてきます。

そうなれば、前向きな気持ちで、未来へ向かって生きていけるのです。

がんばった自分を認めてあげる

結果よりも過程を大切にしていく

イギリスの詩人であるロバート・ブラウニング（19世紀）は、

「人間の真価は、その人が死んだ時、何を為《な》したかで決まるのではなく、彼が生きていた時に何を為そうとしたかで、決まるのである」

と述べました。

この言葉は、「人生とは、結果ではなく、過程が大切だ」ということを示しています。

「何を為したか」とは、結果です。

「何を為そうとしたか」とは、過程です。

この言葉では、「死んだ時」とありますが、これは「仕事が終わった時」という言葉に置き換えて考えてもいいでしょう。

つまり、「仕事が終わった時、どの程度の成果を出せたかという結果によって、その人の本当の価値は決まるのではない。その仕事を進める過程において、その人が何をしようとし、どのような努力をしてきたかが、本当の価値である」ということです。

たとえ思わしい結果が出なくても、その過程において、大きな目標を掲げ、色々な工夫をし、様々なことにチャレンジし、自分ができることを精一杯やったのであれば、そのことに満足し、それを誇りに思ってもいいのです。

それが、「過程が大切だ」ということの意味です。

過程を大切にすると、自分よりも良い結果を出した人に対して、「うらやましい」と思うことはありません。思うような結果が出なかった時、自分自身に後ろめたい気持ちを持つこともないのです。

精一杯がんばった自分に誇りを持って、堂々としていられるのです。

そのように、**過程を大切にして生きていく人が、最終的には大きなことを成し遂げることができるのです。**

そして、充実した、満足のいく人生を実現できるのです。

精一杯がんばった自分を誇りに思う

「自分の良さや強みをどう生かして戦ったか」が大事である

将棋《しょうぎ》というのは勝ち負けを争うものです。

プロになれば、勝ち続けなければ、棋士《きし》として生き残っていけません。引退しなければならなくなります。

また、勝ち続けなければ、収入も得られず、生活も成り立たなくなります。

ですから、勝負に勝つということはとても重要なのですが、勝ち負けがすべてではないのです。

ある将棋の棋士《きし》が、次のような話をしていました。

「もしも勝ち負けを決めるだけなら、ジャンケンをすればいい。それを、わざわざ将棋をして勝敗を決するのは、勝負がつくまでの過程こそが将棋の醍醐味《だいごみ》であり、そこに本来の面白さがある」

二人の棋士が、どのような作戦を練り、どのように先を読み、相手の意表を突き、駆け引きをしながら、どのように駒を動かしていくかこそが、将棋の面白さです。

つまり、「どちらが勝った、どちらが負けた」ということが重要ではないのです。

将棋に限らず、色々な世界に「勝負」があります。

会社では、出世争いの勝負があるでしょう。学校でも、成績争いの勝負があります。

しかし、ここでも**大切なのは、「どちらが勝った、負けた」という結果ではなく、勝負が決するまでの過程**だと思います。

自分の良さや強みを、どのように生かして努力したか、という過程です。

単に「勝ち負けだけが重要だ」というのであれば、負けた人が勝った人をうらやんで、憎らしく思って、そこで終わりです。

そこには、人生における成長はありません。

勝ち負けだけが重要ではない

「処処全真」で、過程を大切にして生きていく

禅の言葉に、「処処全真《しょしょぜんしん》」というものがあります。

「処」は、「ところ」とも読みます。すなわち、「場所」という意味です。

それは、「今、自分が身を置いている場所」です。

さらには、「今、目の前にある問題」という意味にもなります。

「対処」という言葉がありますが、これはまさに今、目の前にある問題に対して処置をとる、ということなのです。

次に、「全真」ですが、これは「すべてにおいて真実である」ということです。

つまりは、「一番重要なことだ」という意味になります。

したがって、この禅語は、**「今、目の前にある色々な問題に対処することが、一番重要なことだ」**という意味になります。

誰かと勝負を争っている時も「処処全真」なのです。

「どちらが勝つか負けるか」というのは、将来的な問題です。今、目の前にある問題ではありません。

そんなことに心をわずらわされるのではなく、「今、目の前にある問題をどう乗り越えていくか」に集中することが大切なのです。

つまり、この「処処全真」という言葉には、「結果よりも、過程を大切にする」という意味も含まれているのです。

「今、目の前にある問題をどう解決していくか」という過程を大切にするのです。

「どちらが勝つか負けるか」にこだわる人は、「うらやましい」という感情に振り回されがちです。過程を大切にする人は、「うらやましい」という感情に振り回されることはありません。

結果にわずらわされるより、目の前の問題に集中する

第5章

劣等感が「うらやましい」をつくり出す

劣等感をバネにして、大きなことを成し遂げる

「人がうらやましい」という思いに振り回されてしまいがちな人には、劣等感が強い人が多いようです。

ふだんから「私はダメ人間だ。仕事の能力もないし、人間関係もヘタだ」といった劣等感に悩まされている人です。

そんなタイプの人は、自分よりも仕事ができ、人間関係が上手な人がいると、すぐに「うらやましい」という思いにとらわれてしまいます。

その結果、一層、自分自身の劣等感に苦しめられていきます。

そして、人を「うらやましい」と思う気持ちがますます大きくなり、そのためにまた劣等感がさらに強くなる、という悪循環にはまっていくのです。

このような悪循環を断ち切り、「うらやましい」という思いに振り回されずに済むよう

になるためには、「劣等感」に対する考え方を変える必要があります。

オーストリアに、精神科医であり、また心理学者でもあったアルフレッド・アドラー（19～20世紀）がいました。

フロイトやユングと同時代の人です。

アドラーは、「劣等感を言い訳にして、人生から逃げ出してはいけない。劣等感をバネにして偉業を成し遂げた人も多い」と述べました。

つまり、「劣ったものがあるから、ダメ人間になる」のではないのです。

多くの成功者は、劣ったものがあることを、やる気のバネにして大きく飛躍し、偉業を成し遂げたのです。

したがって、自分に劣等感があることを悩む必要はありません。

無暗に人をうらやましく思うこともないのです。

その劣等感をバネにして自分を成長させ、そして大きなことを成し遂げる方法を考えるようにすればいいのです。

劣等感に対する考え方を変えてみる

劣等感があることは、むしろチャンスとなる

劣等感をバネにして偉業を成し遂げた人は、世の中にたくさんいます。

たとえば、小説家の太宰治（20世紀）です。

太宰治が亡くなってもうずいぶん年月が経ちましたが、今でもたいへん人気のある作家です。

太宰治には、人間関係がヘタだという、強い劣等感があったと言われています。

彼の代表作の一つである『人間失格』は、その題名からもわかると思いますが、彼自身の劣等感の告白のような小説なのです。

まさに彼は、劣等感をバネにして小説を書いたのです。

そして、その作品の多くは、傑作として今でも多くの人に読み継がれています。

心理学に「補償《ほしょう》」という言葉があります。

ある人が、「自分には劣っているものがある」と意識します。すると、その人は、「この劣ったものを、何か社会に認められることで補おう」と考えます。

たとえば、太宰治が、劣等感を「小説を書く」という形で補ったようにです。

これこそ、まさに「劣等感をバネにする」ということなのです。

人間の精神に備わった、この補償という働きをうまく活用すれば、劣等感に苦しむこともなくなるでしょう。

また、無暗に人をうらやましく思うこともなくなると思います。

そういう意味で、劣等感があることは必ずしも悪いことではないのです。

むしろ、それは自身を大きく飛躍させるチャンスになり得るのです。

ですから、劣等感を否定的に考えるのではなく、肯定的に考えるように心がけていくことが大切です。

そうすれば、前向きな気持ちで自分の人生を考えていくことができます。

劣等感をバネにして、大きく飛躍する

自分を変えたいのであれば、劣等感への向きあい方を変える

次のような話があります。

ある女優は、若い頃にとても人見知りだったといいます。

人前で自己主張することが苦手でした。

ですから、小学校や中学校では目立たない存在だったようです。

友人も少なく、独りぼっちでいることが多い女の子でした。

自分でも「人見知り」ということに強い劣等感を感じていました。

そんな彼女は、人見知りな自分を克服するために、高校に入学したのをきっかけに演劇部に入りました。

そして、大勢の人が見ている前で、演技を通して自己主張していくことに、一生懸命になって取り組みました。

そのうちに、演技をすることに面白みを感じるようになり、高校卒業後はプロの女優になる道を選び、その結果、その世界で活躍するようになったのです。

この女性の歩みも、劣等感をバネにして大きなことを成し遂げた一つの事例であると思います。

この女性に限らず、「人見知り」ということに劣等感をおぼえている人もいるかもしれません。

そんな人は、「人づきあいがうまい人、人と楽しくつきあえる人がうらやましい」などと言わずに、人見知りな自分を克服していくことを考える必要があると思います。

そうすれば、その**劣等感が自分を大きく成長させるバネになるのです。**

人をただ「うらやましい」と思っているだけでは、劣等感に苦しむ自分を良い方向へと変えていくことはできません。

自分を変えたいならば、劣等感への向きあい方を変えることが大切です。

劣等感を克服していく努力を始める

うらやましい人も、劣等感に苦しんでいる

劣等感が強い人は、「他の人の良いところばかりに意識が向く」という傾向があります。

人を見れば、「あの人は、私よりも仕事ができる」「あの人は、私よりもずっと多くの人に好かれている」「あの人は、私より性格がいい」と思ってしまうのです。

そして、「あの人に比べて、私はなんてダメなんだろう。私なんてグズで、人づきあいがヘタで、性格も悪い」といった劣等感に苦しみます。

また、「あの人たちは、きっと、私のように劣等感に苦しむことなどないのだろう」と想像します。

「劣等感で苦しんでいるのは私一人だけだ」と考えてしまうのです。

しかし、人は誰でも、多かれ少なかれ、何かしらの劣等感に苦しんでいるものなのです。

劣等感を持たない人などいないでしょう。

たとえ、うらやましく思える人であっても、実は、内心では色々な劣等感に苦しんでいるものなのです。

ですから、その人の長所ばかりに意識を奪われないで、「この人もまた、私と同じように、劣等感に苦しんでいるんだ」と気づくことが大切です。

それも「うらやましい」という気持ちに振り回されずに済む方法の一つになるからです。

「あの人は劣等感に負けずに一生懸命がんばっている」ということがわかれば、「自分も劣等感を克服して前向きに生きていこう」という意欲がわいてきます。

大切なのは、「人の表面的なものばかりに目を向けない」ということです。

その人の内心へ意識を向けることです。そうすれば、「その人も実は劣等感に苦しんでいる」ということがわかってきます。その結果、「人をうらやむ」のではなく、「自分もがんばろう」という意欲がわいてくるのです。

誰にも劣等感があると知れば、「私もがんばろう」という気持ちになる

劣等感から、強がったことを言う人がいる

「うらやましい」と思う相手に、強がった態度を示す人がいます。

Aさんの友人がベンチャー企業（新しい技術やビジネスを開発して発足した零細・中小企業のこと）を立ち上げました。

そして、その友人は、新しく開発したユニークな商品によって成功したのです。

そんな話を聞き及んで、ある会社で働くAさんは、

「たまたま成功しただけだよ。画期的な商品の開発力なら、彼よりも私のほうがずっとすぐれているんだ。私も近いうちにベンチャー企業を創業する。そうすれば、すぐに彼を追い抜いてみせる」

などと強がったことを言うのです。

このように、自分よりも先を行って成功している人に対して、とかく強がったことを言

い、その成功者を見下そうとするようなタイプの人がいるのです。

このような強がりには、実は、劣等感がひそんでいる場合がよくあります。

このタイプの人は、日頃、平凡な発想しかできないこと、また、自分で事業を始めたいが、その勇気がないことに劣等感をおぼえています。

そんな時に、友人が何かで成功したといった話を聞くと、猛烈《もうれつ》に「うらやましい」という思いを抱きます。

しかし、「先を越された」という悔しい思いから、「あんな人よりも、私のほうがすごいんだ」と強がったことを言ってしまうのです。

そんな強がりを言っていても、自分の人生にとって、なんの意味もありません。周りの人たちからも、「強がりを言っている」と見透かされてしまうだけではないでしょうか。

大切なのは、**強がったりせずに、自分のありのままの姿と真剣に向かいあう**ことなのです。そうすれば、そこから自分を成長させていくことができるのです。

強がるよりも、ありのままの自分と向かいあう

強がるのではなく、強い人間になるために努力する

オーストリアの精神科医であり、心理学者でもあったアドラーは、

「強がりというのは、劣等感の裏返しである。自分を強く見せたいという努力はやめて、強くなる努力をすることが大切だ」

と述べました。

劣等感が強い人は、「自分が劣等感で苦しんでいるのを、周りの人に気づかれたくない」「自分に劣等感があることを、自分自身として認めたくない」という思いから、強がったことを言うことがあるのです。

しかし、強がったことを言って、自分を強く見せようといくら努力を重ねても、強い人間にはなれません。

本当の意味で強い人間として生まれ変わりたいのであれば、強がるのではなく、ありの

ままの自分に向かいあうことが大切です。

それは、言い換えれば、自分の弱さや、自分のダメなところや、自分の嫌な部分と向かいあうことです。

つまり、自分自身の劣等感に正面から向かいあうということなのです。

その時、初めて、**「ありのままの自分からスタートして、少しずつ自分を成長させていこう」**という誠実な意識が生まれます。

アドラーが言う「強くなる努力」の出発点になるのです。

そして、本当に強い人間になるまで成長できた時には、自然と、これまでの劣等感など消えてなくなっているものなのです。

反対に、強がっている限りは、どこまでも劣等感につきまとわれて苦しむことになるでしょう。

劣等感を隠そうとするよりも、劣等感と向かいあって、それを克服する努力を始めることで、劣等感はなくなります。


自分のダメなところと、正面から向かいあう

人に意地悪をしても、自分の劣等感は解消されない

自分自身の劣等感から、他の人に意地悪なことをする人がいます。

ある会社で中間管理職にあるSさんは、毎日のように社長から、「キミは、管理職としての能力がない。もっと積極的に行動して、部下を引っ張っていってほしい」と叱られています。

そのうちにSさんは、「私は管理職として失格だ」「私は、どうしてこう消極的なんだろう」「私には指導力がない」と劣等感を抱き始めます。

そんな時に、とても有能な部下が現れました。

その部下はとても能力があり、何事にも積極的で、しかも、周りの人たちを引っ張っていく力があります。

Sさんは「部下ながら、うらやましい」と思いました。

しかし、そんな有能な部下を見ていると、「部下に比べて、私は情けない」といった劣等感がますます強まっていくのです。

上司である自分よりも、部下のほうが有能であることに、腹立たしい気持ちになってきました。

そのような心理から、上司として、その有能な部下を応援するどころか、むしろその部下にわざと辛《つら》く当たったり、意地悪をしてしまうのです。

これは一例ですが、このように劣等感から、人に意地悪をするというケースがしばしばあるのです。

しかし、人に意地悪をしても、自分の劣等感が解消されるわけではありません。

人に意地悪をしても、自分が成長し、劣等感を乗り越えて強くなっていけるわけではないのです。

まずは自分自身と正面から向きあって、**自分に欠けている部分、自分が劣っているところを改善していく努力をする**ことが大切です。

人に意地悪をするよりも、自分自身の問題と向きあう

苦手なことを、努力を積み重ねて克服していく

劣等感を克服し、「人がうらやましい」と思ってばかりいる自分から脱却する方法には、大きく分けて二つの方法があると思います。

①劣っていることを、努力で克服する。

②劣っていることを、別のことで補う。

まずは、①のように、劣等感を「努力で克服する」方法です。

ここでは、一つの事例を紹介したいと思います。

古代ギリシャに、デモステネス（紀元前4世紀）という人物がいました。

彼は政治家であり、また弁論家として有名でした。

弁論家とは、大勢の人の前で話をして、その話で人々を教え導くという役割を担っている人のことを指します。

特に、デモステネスの話は説得力があり、また感動的であると、当時のギリシャでは評判だったと言われています。

しかし、デモステネスは、子供の時から話がうまかったわけではなかったのです。

彼は幼い頃に父親を亡くし、父親が残した財産を奪われるという不幸な目にあいました。そのことが影響したのかもしれませんが、子供の頃のデモステネスは人前で話すのが苦手だったと言われています。

彼自身もそのことに劣等感をおぼえ、うまく話ができる人を見るたびに「うらやましい」という思いにかられていたのではないかと思います。

そんなデモステネスですが、「話をすることが苦手だ」という劣等感を克服するために、ある有名な弁論家のもとで「話し方」の勉強を始めます。そして努力に努力を積み重ねた結果、大勢の人たちからほめ讃《たた》えられるほど、話をすることがうまい人に成長したのです。

このように、**熟練した人の指導を受けながら、努力して劣等感を克服する**という方法もあります。

熟練した人の指導を受けて、苦手を克服する

得意なことを伸ばして、苦手なことへの劣等感を和らげる

劣等感を克服する方法として、前述のように、「努力で克服する」方法がありますが、いくら努力してもなかなか克服できない劣等感があるのも事実です。

そういう場合には、**劣等感を「別のことで補う」**という方法があります。

ここでも一つの事例を紹介したいと思います。

ドイツの哲学者にフリードリッヒ・ニーチェ（19～20世紀）という人物がいます。

世界的にも有名な哲学者ですが、彼は健康にはあまり恵まれていませんでした。

幼い頃から頭痛に悩み、また青年になってからは戦争に従軍した際に伝染病にかかり、その後一生、病気の発作に苦しんだと言われています。

そのような状況の中で、病弱であることは、彼の劣等感になっていきました。

しかし、病弱という劣等感は、努力だけではなかなか克服できません。

そこで彼は、「哲学的な思索《しさく》をさらに深める」「著作活動に専念する」ことで、劣等感を克服しようと試みたのです。

実際にニーチェは数々の本を書き上げ、そして彼の書いた本は評判を呼びました。その満足感が、病弱という劣等感を和《やわ》らげることに役立ったのです。

このようにして、いくら努力しても克服することが難しい劣等感を「別のことで補う」ということも可能なのです。

たとえば、「話すことが苦手だ」という劣等感に悩んでいる人がいるとします。

一つには、「うまく話す練習をして、劣等感を克服する」方法もありますが、もしその人が「話すのは苦手だが、文章を書くのは得意だ」というタイプであるならば、その得意な「文章を書く」能力をさらに伸ばすことによって、「話すのは苦手だ」という劣等感を和らげていく方法もあるということです。

苦手なことばかりではなく、自分の得意分野へ目を向ける

劣等感は、自分の心がつくり出している

アメリカの三十二代大統領は、フランクリン・ルーズベルト（19〜20世紀）という人物です。

彼には、エレノアという妻がいました。

エレノア夫人は能力あふれる女性で、女性の社会的地位を高める運動家として、また著述家として活躍しました。彼女は、

「劣等感は、自分以外の誰かがつくり出すものではない」

と述べました。

言い換えれば、劣等感は、自分自身がつくり出しているということです。

たとえば、自分よりも有能な人がいたとします。

その人を「うらやましい」と思います。

そして、「あの人に比べて、私にはなんの才能もない。私は何をやってもダメな人間だ」という劣等感に苦しみます。

しかし、そんな劣等感をつくり出しているのは、その有能な人ではないのです。

劣等感をつくり出しているのは、自分自身の心なのです。

たとえば、「あの人に比べて、私は」と考えるのをやめて、「私もがんばって、あの人のように有能な人間になろう。あの人は私に勇気をくれる」と考え直してみます。

そうすれば、そのとたんに劣等感は消えてなくなるでしょう。

すなわち、劣等感とは、決して誰かがつくり出しているものではなく、自分自身の心がつくり出しているものと言えます。

したがって、自分の意識の持ち方を変えることがとても重要になってくるのです。

現実として、自分よりもすぐれた人、自分よりも幸せそうな人がいます。

しかし、その人への意識の持ち方を変えれば、劣等感に苦しむことはなくなります。つまり、「うらやましい」という気持ちに振り回されることもなくなるのです。

自分の意識の持ち方を変えれば、劣等感が消えていく

勝ち負けではなく、切磋琢磨していくのがいい

「劣等感に苦しむことがよくある」

「うらやましい気持ちに振り回されることがある」

と言う人がいます。

その背景にある原因の一つは「競争社会」にあると思います。

会社でも学校でも、人はライバルたちとの激しい競争にさらされています。

そこには必然的に「勝ち負け」や「優劣」の意識が生まれてきます。

「出世競争で、あの人に勝った、あの人に負けた」「あの人のほうが私よりすぐれている。私はあの人よりも劣っている」といった意識です。

自分が競争に勝ち、周りの人たちと比べてすぐれた存在であればいいのです。

しかし、そのように勝ち上がっていく人は少数であり、多くの人たちは競争に取り残さ

れ、また、特別な能力のない人間として平凡な生活を送っていくことになります。

そこに、勝ち上がっていく一部の人たちへの「うらやましい」という気持ちが生まれ、そして、「自分はダメな人間だ」という劣等感が生じてきてしまうのです。

そういう意味で、競争社会にあっても、あまり「勝ち負け」の意識にとらわれないほうがいいと思います。

つまり、「周りの人たちと相争って、自分一人が勝ち残っていこう」と思うのではなく、**「周りの人たちと切磋琢磨《せっさたくま》して、みんなで成長していこう」**という意識を持つのです。

「切磋琢磨」とは、「お互いに励ましあったり、刺激を与えあったりしながら、みんなで成長していく。みんなで一つのことを成し遂げていく」という意味を持つ言葉です。

勝ち負けではなく、このように「みんなで成長していく」という意識を持つことで、劣等感や「うらやましい」という感情に振り回されることもなくなっていくと思います。


相争うよりも、お互いに刺激しあう関係になる

第6章

「うらやましい」で、人間関係が壊れていく

「うらやましい」という思いが、大切な友情を壊してしまう

「うらやましい」という感情が、人間関係を壊してしまうことがあります。

次のような話があります。

ある若い女性には、親しい女性の友人がいました。

その友人に、ハンサムで高学歴のステキな彼氏ができました。

そのことを彼女は「うらやましい」と思いました。

彼女には彼氏がいなかったからです。

そして、その「うらやましい」という感情は、激しい嫉妬心《しっとしん》に変わっていきました。

彼女は、その友人の前で不機嫌な態度を取るようになり、また、周りの人たちにその友人の悪口を言いふらしました。

そのために、彼女と友人の関係はだんだん疎遠になっていって、結局、二人は、まった

く会わないようになってしまったのです。

このように「うらやましい」という感情は、人間関係を壊してしまうことがよくあるのです。

そして「うらやましい」という感情のために、せっかくの友人を一人失ってしまうこともあります。

友人にステキな彼氏ができた場合のほか、友人が自分よりもいい会社に就職したという場合もあるかもしれません。

やはり、いい会社に就職した友人を「うらやましい」と思い、嫉妬心から「何か意地悪なことをしてやりたい」という気持ちを起こしてしまうのです。

それが原因で、その友人との関係が壊れてしまうことにもなりかねません。

そうならないためには、**友人にとっての喜ばしい出来事を、自分も一緒になって喜ぶという、心の広さを持つ**ことが何よりも大切です。

それができれば、友情が壊れることはないと思います。

友人の喜ばしい出来事を一緒になって喜ぶ

「うらやましい」で、兄弟姉妹の仲も壊れていく

家庭内においても、「うらやましい」と思う感情が原因で、人間関係が壊れてしまうことがあります。

たとえば、兄弟姉妹の関係です。

一般的に、初めての子である長男長女は、親から厳しく育てられる場合が多いようです。「立派な跡取りになってほしい」「お兄さん、お姉さんとして、弟や妹の手本になるような、しっかりした人間に育っていってほしい」という親の期待を受けて、厳しく育てられる場合があるのです。

一方で、弟や妹は、長男長女に比べて、親からかわいがられるケースが多いようです。

そんなケースの場合、長男長女にしてみれば、「弟や妹ばかりが、かわいがってもらっている。弟や妹が、うらやましい」という思いがしてくるのです。

そして、その「うらやましい」が「憎らしい」という感情に変化していき、やがては「憎らしい弟や妹をイジメてやりたい」という気持ちにもなってきます。

そして、兄弟姉妹の関係がだんだん険悪なものになっていくのです。

場合によっては、お互いに大人になってからも、兄弟姉妹の関係がうまくいかずに悩んでいるということもあるようです。

兄弟姉妹の間で、いつまでも感情的なシコリを引きずってしまうというのは、とても残念なことだと思います。

そうならないために大切なのは、過度に「うらやましい」という気持ちを持たないように注意することだと思います。

また、**「憎らしいから、口をきかない」というのではなく、兄弟姉妹でよく話しあい、お互いの気持ちを理解しあうことが大切**だと思います。

たとえ兄弟姉妹であっても、しっかりコミュニケーションを取っていくことが、やはり重要なのです。

兄弟姉妹であっても、よく話しあって意思疎通を図る

「うらやましい」が嫉妬心になり、そして憎しみになる

「うらやましい」という感情が強まっていくと、「嫉妬心」になります。

精神科医であり、エッセイストでもあった斎藤茂太（20〜21世紀）は、

「嫉妬心は、いわば、相手をおとしめ、自分より下位に置くために、戦争をしかけているようなものである。だから、嫉妬は憎しみと結びつきやすい」

と述べました。

身近に、うらやましく感じる相手がいたとします。するとと往々にして、その「うらやましい」という思いは嫉妬心へと変わり、やがてそれは、強い憎しみの感情になっていくことがあります。

「うらやましい」という感情から、しばしば人間関係が壊れていってしまう原因は、ここにあります。

とはいえ、人を「うらやましい」と思ってしまうことは、日常生活の中ではよくあることです。

自分よりも仕事ができる人、周りの人たちからかわいがられている人、才能がある人、幸せそうにしている人を見れば、どうしたって「うらやましい」という思いがしてくるものです。

それだけ、**人のことを「うらやましい」と思うのは、人間の自然な感情の一つ**なのでしょう。

大切なことは、その「うらやましい」という思いが、嫉妬心や憎しみにまで発展していかないように注意することです。

「うらやましい」という感情が、そこだけで止まっていれば、人間関係がギクシャクしてしまうこともないのです。

そのためには、「うらやましい」という感情が嫉妬心や憎しみに変わってしまわないよう、自分自身で、いつも注意しておく必要があります。

「うらやましい」から、憎しみが生まれないよう注意する

うらやましい人を、「私の良き先生」と考えてみる

「うらやましい」という思いを、嫉妬心、あるいは憎しみの感情にまで発展させない方法の一つに、「うらやましく思う相手を見習う」というものがあります。

うらやましく思う相手を、「自分の敵」「気にくわない相手」「腹が立つ人」と考えてはいけません。

むしろ、うらやましく思う相手を、「私の先生」「見習うべき師匠」「いいことを教えてくれる恩師」だと考えてみるのです。

そうすれば、うらやましく思う相手に、親しい思いを持つことができるようになるでしょう。

人のことを、なぜ「うらやましい」と感じるのかと言えば、**心のどこかに「私も、ああいう人になりたい」という憧《あこが》れがある**からだと思います。

仕事ができる人をうらやましく思うのは、その人自身の心の底に「みんなから、あの人は仕事ができると思われたい」という願望があるのです。

幸せそうな人を見てうらやましく感じるのは、その人自身が「私も幸せになりたい」という思いが強くあるからだと思います。

そういう意味で、うらやましく思う相手から学べることはたくさんあるのです。

ですから、うらやましく思う相手を、自分の先生だと思って、よく観察してみるのです。

そうすれば、「あの人はなぜ仕事ができるのか」「この人はどうして幸せそうなのか」ということがわかってきます。

すべてをマネする必要はありませんが、自分自身の人生のヒントとして役立てるのです。

そのように、うらやましい人への意識の持ち方を変えてみれば、嫉妬心や憎しみの感情が生じてしまうことはないでしょう。

「あの人はなぜ仕事ができるのか」がわかってくる

嫌味を言うのではなく、ほめるのがいい

心の中では「この人のことが、うらやましい」と思いながら、ついつい、その人に向かって嫌味《いやみ》や悪口を言ってしまう人がいます。

心とは裏腹に、嫌味や悪口が口から出てしまうのは、それこそ、「うらやましい」が嫉妬や憎しみの感情に変化しつつある証《あか》しですから注意しなければなりません。

この場合、むしろ大切なのは、うらやましく思う相手を「ほめる」「讃《たた》える」ということです。

「すごくいい発想をしますねえ。頭が軟らかいんですねえ。うらやましいです」

と、素直に、その相手をほめてみるのです。

ほめることで、人間関係が和《やわ》らぎます。

ほめられれば相手は気持ちがいいでしょうし、自分も穏やかな気持ちになれます。

そうなれば、「うらやましい」が嫉妬心や憎しみに変化してしまう危険性を防ぐことができるのです。

さらに、相手をほめた上で、「柔軟な発想力を保っていけるよう、何か努力していることがあるんですか」などと聞いてもいいでしょう。

ほめられて気を良くした相手は、喜んで、柔軟な発想力を保つコツを教えてくれるのではないでしょうか。

そのようなコツを教えてもらうことができれば、それを自分の成長に役立てることができます。

ですから**「ほめる」ということは、相手のためのみならず、自分のためにも非常に有益な方法**になるのです。

嫌味を言うのではなく、逆に、ほめるほうが得策です。

うらやましく思う相手を、ほめる

嫉妬心から嫌味を言えば、自分まで傷つくことになる

小説家の武者小路実篤《むしゃのこうじさねあつ》（19〜20世紀）は、

「隣人の幸福をうらやんでヤキモキしないのは、自分にとって幸福なことだ」

と述べました。

身近にいる人を「うらやましい」と思い、嫉妬心から、その人に対して嫌味や悪口を言う人がいます。

そんなことをされれば、その相手にとっては、迷惑この上ないでしょう。

ですから、嫉妬心から嫌味や悪口を言わないことは、一つには相手のためです。

しかし、それは「自分にとっての幸福のためでもある」と、武者小路実篤は指摘しているのです。

本心では相手のことを「うらやましい」と思いながら、その**相手に対して嫌味や悪口を**

言うのは、ほかならない自分自身の心を傷つけることにもなるのです。

だからこそ、「うらやましいと思いながら、素直にその気持ちを口にできず、反対に嫌味や悪口を言ってしまうなんて、私はなんて性格のひねくれた、情けない人間なんだろう」といった自己嫌悪に陥《おちい》って悩み込んでしまうことになりかねません。

したがって、「うらやましい」という思いが、嫉妬心や憎しみ、妬《ねた》みといったネガティブな感情にまで発展していかないように注意しておくことは、自分のためでもあるのです。

とはいえ、嫉妬心から、相手を傷つけるようなことを言う人は、その時、それが自分自身まで傷つけていることに気づいていないのだと思います。

気づいていないからこそ、安易に相手を傷つける言葉を口にしてしまうのです。

改めて、自分のためにも良くないと、はっきり意識することです。

自分のためにも、人の悪口を言わない

人は一人では生きていけない、だから周りの人を大切にする

西洋のことわざに、「山は山を必要としない。しかし、人は人を必要とする」というものがあります。

山は、隣に山が寄り添っていなくても、崩れ去ってしまうことはありません。たとえば富士山のように、独立した一つの山であっても、立派な姿で存在し続けることができます。

しかし、人間は違います。

人は、一人だけでは生きていけません。仕事も、一人だけではやっていけません。人には、そばに寄り添って、一緒に協力しあっていく相手が必要です。

中には、フリーランスとして一人で仕事をしている人や、独身で一人で生活している人もいるかもしれません。

そのような人にしても実際には、取引先や仕事仲間、友人や血縁者などといった多くの人たちに支えられていることに変わりないのです。

そういう意味で、**周りの人たちと円満な関係を保っていくことは、幸せに生きていくために、とても大切**なのです。

そんな大切な人間関係が、「うらやましい」という思いから生じる嫉妬心や憎しみといった感情で、いとも簡単に壊れてしまうことがあります。

だからこそ、「うらやましい」という思いがネガティブな感情に変わらないように注意していく必要があるのです。

周りの人たちといつも仲良く、いい関係を保っていける人は、「うらやましい」という思いへの対処の仕方がとても上手であるとも言えます。

「うらやましい」との思いが、決してネガティブな感情につながらないよう、いつも心がけている人たちなのです。

人と仲良くやっていける人は、「うらやましい」への対処の仕方がうまい

「うらやましい」から、自分のやるべきことが疎かになる

哲学者の三木清（19〜20世紀）は、著作『人生ノート』の中で、

「嫉妬はつねに多忙である。嫉妬の如《ごと》く多忙で、しかも不生産的な情念の存在を私は知らない」

と書いています。

「嫉妬は多忙」という意味は、たとえば、次のようなことです。

同じ職場で働く同僚が仕事で大活躍し、上司からも大きな期待をかけられていて、しかも、その同僚は性格も明るく、周りの人たちからも慕われています。

そんな人をうらやましく思ううちに、嫉妬や妬みの感情がどんどんふくらんでいきます。

そして、「あの同僚の評判をおとしめてやりたい」という意地悪な気持ちさえもわいてくるのです。

こうなってしまうともう、「どうやって足を引っ張ってやろうか」「どのようにして仕事のジャマをしてやろうか」といったことばかり考えるようになってしまいます。

場合によっては、それを現実の行動に移すこともあるでしょう。

結局は、そんなことばかり考えたり、やったりするのに大忙しになってしまうのです。

これが、三木清が言う「嫉妬はつねに多忙である」という言葉の意味です。

そしてまた、うらやましく思う相手の足をどうやって引っ張ってやるかといったことばかりに忙しくなれば、自分がやるべき仕事はほったらかしになってしまいます。

ですから、これほど「不生産的な情念」はないのです。

嫉妬や妬みといった感情は、何一つ自分のためになりません。

時間や労力というものは、自分の利益になることに使ったほうが得策です。

そういう意味でも、「うらやましい」という感情が嫉妬や妬みになってしまわないよう気をつけることが大切です。

「自分のためにならないことは、しない」と決める

「うらやましい」という思いをコントロールする能力を高める

人間の脳内には、「自制心」という働きがあります。

心理学では、「セルフ・コントロール」という言い方もします。

つまり、自分の感情を上手にコントロールしていく能力を指します。

「うらやましい」という思いを、嫉妬や妬みや憎しみといったネガティブな感情に発展させない上においても、この自制心が大きな役割を果たしています。

自制心、つまりセルフ・コントロールの能力が高い人ほど、「うらやましい」という思いから誰かを嫉妬したり妬んだりすることが少ないのです。

「うらやましい」という思いを、むしろ、「私も、あの人を見習ってがんばろう」というポジティブな気持ちにつなげていくこともできるのです。

では、どういう方法で、この自制心を鍛《きた》えることができるのかと言えば、その方法の一つに「瞑想《めいそう》」があります。

瞑想は、アメリカでは最近、「マインドフルネス」と呼ばれています。

静かな環境で、体をリラックスさせます。

深く息を吸い、静かに吐き出します。

その呼吸に意識を集中させながら、心を「無」の状態にしていくのです。

この瞑想を一日五〜十分程度、できれば毎日続けます。

そうすると、脳内における自制心を高める能力が向上していくことが知られています。

つまり、「うらやましい」という思いがネガティブな感情に発展しないように、また一方で、それをポジティブな意志へとつなげていけるように、上手にコントロールしていく能力が高まるのです。

嫉妬の感情に振り回されやすい人は、試してみてもいいでしょう。

一日五分の瞑想を実践してみる

運動習慣がある人は、感情コントロールがうまい

うらやましく思う相手と自分とを見比べて、「なんて私は劣った人間なんだろう」と、気持ちが落ち込んでしまうことがあります。

しかし、その落ち込んだ気持ちを、そのまま放っておいてはいけません。

というのも、落ち込んだ気持ちを放っておくと、それはやがて、嫉妬や妬み、憎しみといったネガティブな感情に変化してしまうことが多いからです。

では、どうすればいいかと言えば、その一つに「気分転換」という方法があります。

「あの人がうらやましい」という思いを忘れ、気持ちが明るく楽しくなるようなことをするのです。

趣味がある人は、その趣味に熱中してもいいでしょう。

楽しく語らえる友人と遊びに行ってもいいでしょう。

歌を歌って気分を晴らすという方法もあります。

また、運動をして汗を流すということでもいいでしょう。

特に、**運動は、脳内において、感情をコントロールする能力を向上させる効果が期待できる**と言われています。

ですから、運動を習慣として定期的に行っていくのがいいと思います。

そうすれば、日常生活の中で、「うらやましい」と感じることがあっても、その思いを軽く受け流すことができるようになります。さらに、「うらやましい」と思っても、あまり深く考え込まなくて済むようになるのです。

また、運動を習慣にすると、色々なことに対して気持ちが前向きになっていくこともわかっています。

つまり、「うらやましい」と思う相手に対して、「私も、あの人に負けずに、がんばろう」といったように考えることができるようになるのです。

適度な運動を定期的に続ける習慣を持つ

第7章

お金のことで、人をうらやましく思わない

お金持ちをうらやましく思う心が、その人を卑しくする

古代ギリシャの哲学者であるカルキノース（年代不明）は、

「おお、富よ、人間の間では最大の羨望《せんぼう》の的《まと》だ」

と述べました。

「羨望」とは、うらやましく思うことです。

つまり、「人がもっとも、うらやましく思うのは、富に関することだ」というわけです。

富とは、具体的に言えば「お金」です。

「たくさんお金を持っている人」

「収入がとても多い人」

「一等地の豪邸に住んでいる人」

「ぜいたく三昧《ざんまい》の暮らしをしている人」

「大儲けしている人」

そんな、**お金をたくさん持っている人に対して、人というのは、もっとも強く「うらやましい」という気持ちを抱く**のです。

しかし、そのお金持ちをうらやましく思う心が、一層、その人を卑《いや》しいものにしてしまうのではないでしょうか。

確かに、お金は大事です。

お金がなければ、人は生きていけません。お金は、水や空気と同じように、生きていくためになくてはならないものです。

また、幸福に暮らしていくためには、ある程度のお金が必要なことも事実でしょう。

したがって、ある程度のお金を得るために努力していくことは大切だと思います。

しかし、お金持ちをうらやむことは、別問題なのです。

そこには、妬《ねた》みや嫉妬《しっと》、憎しみや腹立たしさといった様々なネガティブな感情が生まれる可能性があります。そのネガティブな感情が、自分の心を卑しくしていくのです。

お金を得ることは必要だが、お金持ちをうらやんではいけない

幸せそうな人の生活をうらやめば、自分の心が醜くなる

幕末から明治にかけて、教育の分野で活躍した福沢諭吉（19〜20世紀）は、
「世の中で一番醜《みにく》いのは、他人の生活をうらやむことだ」
と述べました。
それは、幸せそうな人の生活をうらやむことと言えるでしょう。
一例を挙げれば、「ステキな人と結婚した人をうらやむ」ということです。
「出世した人をうらやむ」ということです。
そのような人の心には「不幸感」があるのです。
それを、「醜いことだ」と、福沢諭吉は指摘しているのです。
仏教に「少欲知足《しょうよくちそく》」という言葉があります。
できるだけ欲を少なくして、今あるもので満足するように心がけることを意味する言葉

です。

今の生活で十分に楽しく生きているのであれば、その生活に満足することが大切です。

もっとお金がある人の生活をうらやましく思う必要はありません。

もし、もっとお金がある人の生活をうらやましく思えば、心の中に不幸感が生まれてしまいます。

そして、その不幸感が、その人の心を醜いものにするのです。

不幸感を持つことは、その人の人生を本当に不幸なものにしてしまうだけなのです。

したがって、人間は「少欲知足」で生きていくほうがいいと思います。

それがもっとも心安らかな生き方になります。

またそれが、家族や友人や仕事仲間と仲良く暮らしていくためのコツにもなるのです。

人間は「少欲知足」で生きていくのがもっとも良い

卑しい金銭欲から、人は間違いを犯す

「収入を増やしたい」と思うことは決して悪いことではありません。

それが「がんばって働こう。がんばって、いい仕事をしよう」という意欲につながっていくからです。

そのように一生懸命努力して収入を増やしていくことが、人間の健全な生き方だと思います。

しかし、その一方で「お金持ちの生活をうらやましく思う」というのは、決して健全な心のあり方ではありません。

そこには、「卑しい金銭欲」があるからです。

往々にして、卑しい金銭欲は、人を「悪《あく》」に走らせます。

『新約聖書』にユダという人物が登場します。

彼はイエスの弟子でしたが、ある日、イエスを裏切りました。

金銭欲から、銀貨三十枚を受け取ることを条件に、イエスの敵対者に対して、イエスの居場所を教えたのです。

そのため、イエスは敵対者たちに捕らえられて処刑されることになりました。

これは「ユダの裏切り」として有名な話ですが、卑しい金銭欲はこのように、人の正気を失わせることがあります。

つまり、**「恩人を裏切ってまで、お金を得たい」という気持ちにさせる**のです。

現代社会でも、お金持ちの生活をうらやんで、「悪いことをしてでもお金を得たい」という気持ちから犯罪を起こす人もいます。

新聞やニュースでは、そのように卑しい金銭欲から犯罪へ走る人の話もよく取り上げられます。

ですから無暗に、他人の生活をうらやましく思わないほうがいいでしょう。

収入は、健全な方法で増やしていくほうがいいと思います。

お金は、一生懸命働いて増やしていくのがいい

必要以上のお金をほしがると、お金の奴隷になる

ドイツの哲学者であるニーチェは、

「お金の所有は、ある程度のところまでは人間を一層、独立的にし、また自由にするが、お金の所有が一段と進むと、お金が主人となり、人間はお金の奴隷《どれい》となってしまう」

と述べました。

もちろん、ある程度の収入を得ることは、独立した個人として生きていくために不可欠です。

親にお金の面倒を見てもらっているようでは、いつまでも個人として独立できないでしょう。

また、ある程度のお金があれば、自由に生きていけるようになります。

自由に住むところを決めることができ、自由に旅行に行け、自由にショッピングを楽し

むこともできます。

しかし、お金はあればあるほどいいというものでもないのです。

程度を超えてお金を手にしてしまうと、今度は、その人がお金に支配されることにもなりかねません。

つまり、お金の管理が難しくなり、そのことで悩み、お金に振り回される人生を送ってしまうこともあります。

したがって、「独立した個人として人生を楽しんでいくのに十分なお金があれば、それでいい。それ以上のお金は無理をしてまで望まないという意識を持って生きていけばいい」と、ニーチェは説いているのです。

言い換えれば、お金持ちの生活をうらやんでばかりいると、「もっともっとお金がほしい」と、お金の亡者《もうじゃ》になってしまうので、欲望をおさえる必要があるということです。

幸せに生きていくために、どの程度のお金を必要とするかは、自分の人生観、自分自身の価値基準で決めるのがいいのです。

お金の奴隷にならないように注意する

「私にもお金があれば」という口ぐせはやめるほうがいい

日本の哲学者であり、衆議院議員も務めた人物に、三宅雪嶺《みやけせつれい》（19〜20世紀）がいます。彼は、次のように述べました。

わかりやすいように、現代風に意訳して紹介します。

「人は金持ちの生活をうらやましがって、『金さえあれば』と口ぐせのように言う。しかし、実際にその金があった時、どう使うかは疑問である。ある労働者は、『もし自分に多額の金があれば、銀のスコップを買う』と言ったという話があるが、これは単に笑い話でしかない」

確かに、世の中には、「金さえあれば」という言葉が口ぐせになっている人がいるのも事実です。

たくさんのお金を持って優雅に遊び回っている人を見て、「あの人がうらやましい。私もお金さえあれば、もっと幸福に暮らせたのに」といったようなことを言う人たちです。

また、事業で成功し大儲けした人を見て、「私もお金さえあれば、会社を辞めて、自分で事業を始める。そうすれば、私も大成功間違いないのに」などと言っている人もいるかもしれません。

しかし、そのように「金さえあれば」と言っている人たちが、本当にお金を手にすることができた時、そのお金を有効に使うことができるのかが問題です。

実際には、無駄なことに使って終わってしまう場合も考えられます。

三宅雪嶺が、「ある労働者は、『多額の金があれば、銀のスコップを買う』と言った」という話を紹介しているのは、まさに「たとえ大金が入っても、無駄なことに使って終わってしまう場合が多い」と指摘したいからです。

たまたまお金が入ったなら、自分の人生の目標に適《かな》った使い方をする必要があるでしょう。


お金がたくさんあっても、無駄に使ってしまうだけ

「別の人間に生まれたかった」では、幸せにはなれない

「あの人のような境遇に生まれたかった」という言葉が口ぐせになっている人もいます。

お金持ちを見て、「あの人がうらやましい。私もお金持ちに生まれたかった」と言う人もいます。

知人が、ある財産家のお坊ちゃん、お嬢さんだと知れば、「なんてうらやましいんだろう。私も、あの人のような家に生まれたかった」と言う人もいます。

宝くじを当てて大金持ちになった人がいると知って、「幸運の持ち主が、うらやましい。私も、もっと運のいい人間に生まれたかった」と思っている人もいるかもしれません。

しかし、そのような「〜に生まれたかった」という思いは、虚《むな》しい願いにすぎないのではないでしょうか。

人は、別の人間に生まれ変わることなどできません。

自分に与えられた環境の中で、また「自分」という人間の枠《わく》の中で、より良い人生を築いていくようにがんばるしかないのです。

「〜に生まれたかった」といくら願っても、それは不可能なのです。

絶対に不可能なことを願っていても、気持ちが虚しくなっていくだけだと思います。

それのみならず、**「〜に生まれたかった」と思うのは今の自分自身を否定することです。**

自分を否定することからは何も生まれません。

自分を大切にし、自分を尊重する気持ちからしか、人間は成長していきません。

したがって、「別の人間に生まれたかった」と考えるよりも、「この私に生まれて良かった。これからも成長し、理想の自分になろう」と考えて生きていくほうが将来的にいいと思います。

「自分に生まれて良かった」と、自分に言ってみる

お金のない生活を、うらやましく思う人もいる

「お金持ちがうらやましい」と言う人がいます。

一方で、恵まれた家に生まれながら、お金などない、清貧《せいひん》（清く貧しいという意味）の生活をうらやましいと思い、実際にそのような生活に身を投じる人もいます。

たとえば、鎌倉時代末期から南北朝時代にかけての随筆家である吉田兼好《よしだけんこう》（13～14世紀）です。

『徒然草《つれづれぐさ》』という作品の作者として有名です。

吉田兼好は、もともと、京都の吉田神社に仕える神職の家に生まれました。

吉田神社は当時から由緒《ゆいしょ》ある神社で、朝廷などの保護を受けて経済的にも恵まれていました。

したがって、兼好も神職としての道を歩んでいれば、それなりに恵まれた生活を送って

いけたのです。

しかし、兼好は、金銭的に恵まれた生活にも、神職の世界で出世していくことにも、関心がありませんでした。

むしろ、兼好がうらやましく感じたのは、お金や出世のことなどとはまったく無縁な「世捨《よす》て人」の生活でした。

兼好は『徒然草』の中で、「金銭欲を満たしていくことを楽しみとするよりも、金などない生活のほうがいい」と述べています。

「お金持ちのぜいたくな生活をうらやましく思い、卑しい金銭欲に心を奪われてアクセク生きていくよりも、**お金などなくても、清らかな心で、安らぎに満ちた生活を送っていくほうがいい**」と考えたのです。

この兼好の言葉も、マネはできなくても人間の生き方を考える上で参考になると思います。お金があることをうらやましく思わずに、幸せに生きる人生もあるのです。

清らかな心で、安らぎに満ちた生活がいい

金銭欲を捨てることで、心が清らかになっていく

ドイツ文学者であり、またエッセイストとして活躍した人物に、中野孝次（20～21世紀）がいます。

彼が書いた『清貧の思想』というエッセイ集は、ベストセラーになって評判を得ました。

「清貧」には、「欲望を捨てて、質素ではありながら、心清らかな、安らかな生活を送る」といった意味があります。

そして、中野孝次は、「清貧」ということについて、次のように述べました。

「日本にはかつて清貧という美しい思想があった。所有に対する欲望を最小限に制限することで、逆に内的自由を飛躍させるという逆説的な考え方があった」と。

また、彼は、「世間では、金銀でも、持ち物でも、多く所有すればするほど、人は幸福になると信じているようであるが、これくらい間違った考え方はない」とも述べています。

確かに、「お金があればあるほど、その人は幸福である」というわけではありません。

お金持ちであっても、悩み事の多い生活を送っている人は、たくさんいると思います。

お金持ちであるがゆえに悩んでいる人もいるのです。

したがって、無暗にお金持ちをうらやましく思う必要はありません。

一方で、**金銭欲を小さくして、質素な生活を送っていくことで、精神的には、欲望というものから解き放たれて、のびのびと自由にものを考えられるようになります。**

気楽な気持ちで、そして精神的な意味で、自分が好きなことを楽しんでいくこともできます。

「お金持ちがうらやましい」という思いに振り回されて自分の生き方を見失ってしまいがちな人は、この「清貧」という考え方を参考にするといいでしょう。

「所有」という欲望から解き放たれた時、楽が見えてくる

心が満ち足りていれば、お金持ちをうらやましくは思わない

中国の思想書に『菜根譚《さいこんたん》』があります。

十七世紀初め頃に成立した書物です。

著者は、洪自誠《こうじせい》という人物だと言われています。

『菜根譚』は、「人間の幸せな生き方」について様々な角度から解説が述べられ、現代の日本でも人気のある書物です。

この『菜根譚』に、次のような言葉があります。

「心が充実している時は、粗末な布団に寝ていても、天地の生気を吸って清々《すがすが》しい気持ちでいられる。心が満ち足りている時は、質素な食事をとっていても、生きていることを十分に楽しむことができる」

「心が充実している時」とは、やりがいのある仕事に従事することに喜びを感じ、その仕

事を通して自分の成長を実感できている時だと思います。

また、「心が満ち足りている時」とは、良き家族、良き友人、良き仕事仲間たちと仲良く楽しく過ごし、そのような人たちとの信頼関係の中で生きがいが感じられている時だと思います。

そういう生きる喜びや楽しみを実感できている時は、たとえ金銭的には恵まれていない生活であっても、「お金持ちの生活がうらやましい」という気持ちが生じることはないでしょう。

卑しい金銭欲に心が奪われてしまうこともないのです。

言い換えれば、ただ単にお金持ちになることばかりに憧《あこが》れるのではなく、まずは**「精神的な満足感を、どのようにして充足させていくか」**を考えるべきなのです。

そのような精神的な満足感は、お金では得られません。

やりがいのある仕事、良き人間関係の中で得られるものなのです。

金銭欲よりも、心の充足を大切にする

第8章

「うらやましい」から虚しい欲が生まれる

「うらやましい」から生まれる欲が、自分を不幸にする

人間には誰にでも欲があります。

その欲が「がんばって生きていこう」という意欲と、「より大きな存在になっていきたい」という向上心をつくり出しているのも事実です。

そのようなポジティブな意味を持つ欲とは、その人の「私は、こういうことがしたい。こういう夢を求めていきたい」という、純真な願いから発せられるものではないかと思います。

一方で、人のことが「うらやましい」という思いから生じる欲には、そのような本心からの願いはありません。

純真なものではないのです。

「うらやましい」という思いから生まれてくる欲は、その人自身の心を汚し、その人の心

を乱し、結局は悩みや苦しみをつくり出してしまうように思います。

たとえば、大きな権力を持っている人を見て、「うらやましい」と思います。

すると、「私も権力者になって、大威張りしたい。人を自分の思うように動かしたい」といった権力欲にとりつかれます。

そんな権力欲のために、人との争い事に明け暮れ、自分が出世するために人の足を引っ張り、時には人を裏切ったりします。

多くの人たちから恨まれ、その人自身もストレスを溜め込んでいくのです。

そういう生き方は、その人にとって決して幸福なことではありません。

「うらやましい」から生じる欲は、結局は、このようにしてその人自身を苦しめていく結果になるケースが多いのです。

権力者を見て「うらやましい」と思わないほうがいい

多くの人たちから信望を得ながら、地位を上げていくのがいい

「自分ならでは」の夢を追いかけ、また、「多くの人たちに喜びを与えたい」という思いから、努力して大きな成果を上げていく人がいます。

その過程において、多くの人たちから信望を得て、「私たちのリーダーになって、私たちを導いていってほしい」と持ち上げられる形で、権力のある地位を得ていく人がいます。

こういうタイプの人の場合、誰か権力のある人を見て「うらやましい」と思い、そして「私も大きな権力がほしい」といった欲にとりつかれて権力を得ていったわけではありません。

こうした人にも、もちろん欲はあると思います。

しかし、それは支配欲や権力欲ではなく、「夢を実現したい」「人に喜びを与えたい」という純真な気持ちからくる欲なのです。

したがって、こういう純真な人が権力のある地位に昇り詰めたとしても、その人は自分の人生に苦しめられることはないでしょう。

大きな悩みを自ら背負い込んでしまうことはないのです。

むしろ、**地位を上げていくに従って、「これでもっと大きな夢へ向かっていける」「これで、もっと多くの人たちに喜びを与えていける」という喜びや充実感がふくらんでいく**のではないでしょうか。

つまり、純真な気持ちから出世していく人と、権力者をうらやましく思い、権力欲にとりつかれて出世していく人とでは、大きな違いがあるのです。

サラリーマンであれば、誰でも、ある程度の出世を願うのかもしれません。

その場合、出世した人をうらやましく思うのではなく、あくまで「夢を叶えたい」「人に喜びを与えたい」という純真な気持ちを忘れないことが大切です。

そうでなければ、出世していくことが、かえって自分の人生を不幸にしていくことになりかねないからです。

権力欲しかない人は、自分の人生を不幸にする

弱さから権力欲にとりつかれてしまう人もいる

ドイツの社会心理学者であるエーリッヒ・フロム（20世紀）は、

「権力欲は、強さでなく、弱さに根差している」

と述べました。

この言葉にある「弱さ」とは、もちろん肉体的な弱さではなく、「精神的な弱さ」を示しています。

では、なぜ精神的に弱いのかと言えば、それは自分に自信がないからだと思います。

それでは、どうして自分に自信を持てないのかと言えば、それは本人が「自分には実力が足りない」ということを、どこかで認識しているからではないでしょうか。

たとえば組織の中で、強い権力を持っている人を「うらやましい」と思い、そして「私も、あのように人や物事を思うがままに操《あやつ》りたい」という権力欲にとりつかれたとします。

こうした場合、その人は、**心のどこかで「私には絶大な権力を持つほどの実力が備わっていない。多くの人たちからの信望もない」と思っているのです。**

それは、その人の実力に根差した権力欲ではないのです。

むしろ、その人の精神的な弱さに根差した権力欲なのです。

その人は、「私は、実力によって権力の階段をのぼっていくことができない」という思いがあるからこそ、人との駆け引きや、ライバルの足を引っ張ったり、人に取り入ったりして大きな権力をつかんでいこうとするのです。

つまり、より露骨な権力欲にとりつかれていくのです。

そのような弱さに根差した権力欲というものは、どこかで破綻《はたん》してしまうのではないかと思います。

結局は、その人には実力がないということを周りの人たちに見抜かれて、人が離れていってしまうからです。

しっかりと実力をつけてから、権力を目指す

正直な人には幸運が、欲張りな人には不幸がやってくる

イソップ物語に『金の斧《おの》、銀の斧』という話があります。

昔、ある男が、川のそばで木を伐《き》っていました。ところが手が滑《すべ》って、持っていた斧を川に落としてしまったのです。

男は困ってしまいました。斧がなければ、木を伐る仕事ができないからです。

すると、川の中から神様が現れて、金の斧を男に見せ、「おまえが落としたのは、この斧か?」と尋ねました。その男は、「違います。私が落としたのはそんなに立派な斧ではありません」と答えました。

神様は、次に銀の斧を見せて、「では、この斧か?」と聞きました。その男は、「いいえ。そんなにきれいな斧でもありません」と言いました。そこで神様は、「では、この斧か?」と、その男が持っていた斧を見せました。男は、「そうです。それです」と答えました。

それを聞いた神様は「おまえは正直な男だな」と感心して、金の斧と銀の斧も加えて、三本の斧をその男に渡しました。

その様子を見ていた、欲張りな男がいました。欲張り男は、金の斧と銀の斧を手に入れた男をうらやましく思い、自分もマネをしようと思いました。

そこで、わざと、自分が持つたった一つのきたない斧を川の中に落としました。すると、神様が現れました。そして「おまえが落としたのは、この金の斧か？」と問いかけました。

その欲張りな男が「はい、そうです。私はその金の斧を川に落としました」と言うと、神様は「この嘘《うそ》つきめ」と怒って川の中に戻ってしまいました。

欲張りな男は、金の斧を手に入れられなかったどころか、自分の斧も失ってしまったのです。

この話は、**人をうらやましく思って欲張ったことを考えると、結局は自分自身が大きな損をする**ということを示しています。

人間はやはり、人をうらやむことなく、正直に生きていくことが大切です。

無欲で、正直に生きていくのがいい

幸運はやさしい人のもとへ、災いは欲張りな人のもとへ

「幸運」というものは、正直で心やさしい人のもとへやってきます。

人を「うらやましい」などとは思わず、まじめにコツコツ努力している人のもとに幸運はやってくるのです。

そんな幸運に恵まれた、正直で心やさしい人を見て、欲張りな人は「うらやましい」と思います。

そして、ズルいことまでして、その正直で心やさしい人から幸運を奪い去ろうとするかもしれません。

しかし、結局は失敗するのです。

幸運は、欲張りな人のところには寄りつきません。

逆に、欲張りな人は、災いを引き寄せてしまうのです。

仕事の場などでも、まじめに、誠実に、正直に、そして、やさしい気持ちを持って努力している人へは、たくさんの幸運がもたらされます。

条件のいい仕事がもたらされ、重要な人との出会いがもたらされます。

また、多くのチャンスがもたらされます。

そんな幸運に恵まれた人を見てうらやましく思い、「私にもその幸運を分けてほしい」と、その幸運に恵まれた人に近づいていく人がいるかもしれません。

しかし、欲張りな人の望みが叶うことは少ないでしょう。

もし、その人が本当に幸運がほしいのであれば、その欲張った気持ちを捨てて気持ちを入れ替え、誠実に、人にやさしく生きていくよう心がけることです。

そうすれば、幸運は向こうからやってくるでしょう。

正直で心やさしい人は、幸運に恵まれて、いい人生を実現できるのです。

欲を捨て、心を入れ替えてまじめに生きる

自分が持っていないものをほしがる、これを「悪人」と言う

自分が持っていないものを持っている人がいると、「うらやましい」という思いにとらわれてしまう人がいます。

そして、そこから「私も、あれをほしい」という強い欲望に心がとらわれていくのです。

仏教思想家で、京都にある、仏教系の大谷大学の学長を務めた人物に曽我量深《そがりょうじん》（1920世紀）がいます。

曽我量深は、次のような意味のことを述べました。

「そこにあるものをつまらないと思い、ないものをほしがる。これが悪人というものだ」

もちろん、ここで言う「悪人」は譬《たと》えです。

その**悪人とは、自分が持っていないものを他の人が持っているのを見ると、うらやましく思い、それがほしくてしょうがなくなる人のことです。**

しかし、それが手に入れば、たちまち興味を失って、「こんなもの、つまらない」と思うようになってしまうのです。

そしてまた、自分が持っていないものに欲を抱き、それをほしがります。

それもまた手に入れれば、たちまち興味を失ってしまうのです。

ですから、こういう人の欲望は満たされることはありません。

満たされることのない欲望にかられて、人をだましてまで、自分の持っていないものを手に入れようとするのです。

こうなってしまったら、法律的な意味で本当の悪人になってしまいます。

そういう状況に陥《おちい》ることなく、善人として生きていきたいと思うのであれば、初めから、人の持っているものを「うらやましい」などと思わないことです。

今、自分が持っているものに満足する心を養うことが大切です。

「うらやましい」をやめて、善人として生きる

「ないものねだり」では、幸福にはなれない

現在、東京など大都市に人口が集中するようになり、一方で地方都市は人が減って衰退していると言われています。

そんな状況の中で、ふたたび町や村を活性化しようという試みが全国的に盛んに行われています。

それが、「地域おこし」と呼ばれるものです。

この地域おこしのコンサルタントとして活躍している人が次のような話をしていました。

地方の行政の担当者や商工関係の人たちの中には、「ないものねだり」をする人がいるというのです。たとえば、

「温泉がある町が、うらやましい。私たちの地域にも温泉があれば、もっと街を活性化できるのに」

「海や山といった観光資源があるところが、うらやましい。うちには、全国にアピールできるような観光資源が何もない」

といったようにです。

このコンサルタントは、「このような、ないものねだりをしていても、ユニークで話題を呼ぶ地域振興策は生まれない」と言うのです。

まずは、自分たちの地域には、どのような資源があるかを探すことが大切なのです。探してみれば、どのような地域にも、いいものがたくさんあるはずです。

「ないもの」をうらやましく思うのではなく、そこに「あるもの」を有効に活用していくことが、地域おこしの成功につながるのです。

これは、人の生き方を考える上でも参考になる話だと思います。

つまり、「ないものねだり」では、何も生まれないのです。

今あるものの中に価値を見出すことが大切なのです。

自分にあるものを、幸福のために生かしていく

人の持っているものをほしがると、自分が今持っているものを失う

イソップ物語に『欲張りな犬』という話があります。

肉をくわえた犬が、橋を渡っていました。

ふと橋の下を見ると、川の中にも、肉をくわえた犬がいました。

それは川の水面に映った、その犬自身の姿だったのですが、その犬はそれに気づきませんでした。

その犬は、まったく別の犬がそこにいると思ったのです。

そして、川の中にいる犬は、どうも、自分のくわえている肉よりも大きな肉をくわえているように見えます。

そう思うと、川の中にいる犬のことが、うらやましくて仕方ありません。

そこで、「激しく吠《ほ》え立てて脅《おど》かして、あの犬のくわえている肉を奪ってやろう」と思

いつきました。

その犬は、川の中にいる犬に向かって激しくワンワンと吠え立てました。

すると、その犬がくわえていた肉が口から離れて、川の中にポチャンと落ちてしまいました。

つまり、その犬は、自分がくわえていた肉を失ってしまったのです。そこでやっと、川の中にいる犬は水面に映った自分自身だと気づいたのです。

この話は、一つには、「人は、他の人が持っているもののほうが、自分が持っているものよりも価値があると思ってしまうものだ」ということを示しています。

そして、もう一つには、「他の人が持っているものをうらやましいと思い、それを奪おうとすれば、結局は自分が損をする」と指摘しているのです。

この話は、**人の持っているものを「うらやましい」と思い、「それをほしい」と考えれば、その結果、自分が今持っているものまで失ってしまう危険性がある**という教訓なのです。

今、自分が持っているものを大切にしていく

遠くから見れば良く見えるものも、近くで見れば幻滅する

「隣の芝生《しばふ》は青く見える」ということわざがあります。

これは、**「人が持っているものは、なんでも、自分が持っているものよりも良く見えるものだ」**ということを表しています。

確かに、人間の心理には、このような傾向があるようです。

そこから、自分が持っているものはさておいて、「あの人が持っているものをほしい」という欲望も生まれてきます。

しかし、本当に、自分が持っているものより、他の人が持っているもののほうが良いものなのでしょうか。単に、そのように錯覚しているだけなのかもしれません。

では、その錯覚はどこから生まれるのかと言えば、「遠くから見ているから、良く見える」ということではないかと思います。

実際に隣の家におジャマして、青く美しく見えていた芝生を間近なところから見てみるのです。そうすれば、芝生に混じって雑草が生えていることがわかってきます。芝生のところどころが枯れていることもわかってきます。そのようなマイナス面は、実は、遠くから見ていたためにわからなかっただけなのです。

したがって、近くから見れば、「なんだ、これだったら、うちの芝生のほうがいいじゃないか」と目が覚めた気持ちになってきます。

何事においても同じなのです。

たとえば、「友人が働いているマスコミ関係の仕事をうらやましく思う」と言う人がいました。

そして実際に、その良く見えていた会社に転職してみたら、「残業が多く大変な仕事だとわかった」と言うのです。そのため、その人は転職したことを後悔しています。

単に遠くから見ていた時は良く見えたが、実際に近くで見ると悪い部分があることもわかったということなのでしょう。

遠くから見ていた時は良く見えたとしても、早まった行動はしない

人は、見た目と実際とが大違い、ということもある

フランスには、「女はつねに隣の亭主をスミレだと思っている」ということわざがあります。

このことわざにあるスミレは、清純で、かわいい花を咲かせる植物のスミレにたとえたものです。

ある女性は、「自分の亭主は、怠け者で、気がきかない。女房にちっともやさしくない」と不満を募《つの》らせている一方で、「隣の家のご主人は、やさしくて、親切で、働き者で、まるでスミレのように清純そうな人だ」と、うらやましく思っているのです。

しかしそれは、遠くから見ているから良く見えるだけで、実際には、隣の家のご主人も、家庭内では、怠け者で、気がきかず、ちっともやさしくない人だったりするのです。

つまり、このことわざは、「**人というものは、遠くから見ているのと、実際とは大違い**

だ。遠くから見て、いい人に見えるからといって、『うらやましい』などと憧《あこが》れても意味がない。もっと近寄って、その真実の姿をよく観察してみることが大切だ」と指摘しているのです。

たとえば、友人の恋人が、自分の恋人に比べて、とてもステキな人に思え、ステキな恋人とつきあっている友人のことが、うらやましくてしょうがなくなります。

そして、いけない欲望にとらわれて、友人の恋人とデートしてしまうといったこともあるかもしれません。

しかし、そんなステキに見える人も、遠くから見ていたからよく見えていただけで、実際につきあってみると、「勘違いだった」ということにもなりかねないのです。

たとえ、うらやましく思うことがあっても、近くからその相手をよく観察して判断することが大切です。

近くからよく観察して、その人を判断する

第9章

うらやましく思う前に、自分の土台をしっかりつくる

#「うらやましい」だけで終わったら、明るい未来はない

人を無暗にうらやましく思うよりも、もっと大切なのは、**「自分」という人間の土台をしっかりつくる**ことです。

たとえば、友人の一人が、自分で始めた事業で成功したとします。

大儲けした彼は今、大きな家に住み、いい車に乗って、豪勢な生活をしています。

そんな彼をうらやんで、

「私も、あんな大きな家に住んで、ぜいたくな暮らしがしたいものだ」

と考えているだけでは意味がないのです。

もし、成功したその友人のように自分も成功したいなら、うらやましく思うだけで終わるのではなく、成功するための土台をしっかりつくることがとても大切なのです。

それは、仕事の能力を高めることであり、人脈を広げる努力をすることであり、その中

で新しいことにチャレンジしていくことです。

そして、自身の人間性を高めていくことです。

そうすることで、成功への土台が築かれていくのです。

成功者を見て「うらやましい」と思っているだけでは、そのような土台を築き上げることはできません。

言い換えれば、「うらやましい」と思い、そこで終わってしまうのか、それとも、自分自身が、うらやましく思う相手のようになるため、土台づくりを始められるのかで、その後の人生は決まるのです。

「うらやましい」と思うだけの人は、その先に進歩はないでしょう。今の状態を維持していくだけです。

しかし、「うらやましい」と思って、そこからしっかりと土台づくりを始められる人には、明るい未来が待っているのです。

自分の土台づくりへと一歩踏み出す

うらやましく思う相手が、どんな努力をしているかを学ぶ

トヨタ自動車の創業者は、豊田喜一郎（19～20世紀）という人物です。

彼は、「屋根の美しさを羨望《せんぼう》するあまり、土台を築くことを忘れてはならない」と述べました。

この言葉にある「屋根の美しさ」には、色々な意味があると思います。

それは、たとえば「高い地位」です。

または、「事業での成功」です。

「頭の良さ」や「外見の良さ」といった意味もあるでしょう。

つまり、一般的に人がうらやましく思うものを象徴している言葉なのです。

また、「羨望」とは、「人をうらやましく思う」という意味です。

この豊田喜一郎の言葉は、そのような羨望、つまり、「地位の高い人や、事業での成功

者などを見て、うらやましく思うだけで終わってはいけない」ということを示しているのです。

そんな、うらやましく思う相手に近づいていくためには、自分の土台を築くことを忘れてはならないということです。

たとえば、会社の同僚、あるいは友人に、人との交渉がとても上手な人がいたとします。

そのため、その人は周りの人たちから何かと頼りにされているのです。

そのような人を見て、自分としては、うらやましく思います。

しかし、そこで、うらやましく思うだけで終わってしまってはいけないのです。

その人はその人なりに、交渉術のレベルを上げるための努力をしているはずです。

ですから、**その人がどのような努力をしているかを自分も学び、それを自分の能力アップのための土台づくりに生かしていくことが大切なのです。**

「うらやましい相手から学ぶ」という意識を持つ

高嶺の花をうらやむよりも、実力をつけることを優先する

「高嶺《たかね》の花をうらやむより、足元の豆を拾え」ということわざがあります。

「高嶺の花」には、「遠くから見るだけで、手に入れることのできないもの。憧《あこが》れるだけで、自分からは、ほど遠いもの」という意味があります。

たとえば、大企業に入社したばかりの新入社員にとって、その会社の社長は、高嶺の花と言えるでしょう。

また、俳優になるための修業を始めたばかりの人にとって、今、人気絶頂でたくさんの映画やドラマに登場しているような大物俳優は、やはり、高嶺の花と言っていいでしょう。

つまり、「いくら背伸びをしても手が届かないような高嶺の花をうらやんでいても意味がない」というのが、このことわざの前半の意味です。

そして、後半部分の「足元の豆を拾え」とは、「今、自分ができることをやって、しっ

かりと基礎をつくっていくことが大切だ」ということです。

高嶺の花には手が届かなくても、足元の豆であれば、腰を曲げれば拾い上げることができます。

つまり、「足元の豆を拾え」とは、「今の自分の実力でできることを、しっかりやっていくことが大切だ」ということなのです。

そのような地道な努力を重ね、**実力を少しずつ積み上げていけば、やがて、高嶺の花に手が届くところまで、成長する**ことができるでしょう。

高嶺の花をうらやましく思うのであれば、ある程度、実力がついてからでいいのです。

その時、その相手は、単なる「うらやましい相手」ではなく、すぐ目の前にいる「目標となる人」になっているはずです。

そこまで成長するまでは、「自分」という人間の土台づくりを優先するほうがいいのです。


まずは自分の土台づくりに専念するのがいい

土台がない人が、人マネをしても失敗するだけである

あることで大儲けしている人がいたとしましょう。

遠くから、その人のことを見て、「なんて、うらやましいんだ」と思います。

そして、その人と同じことをすれば、自分も大儲けできるのではないかと考えます。

しかし、それは、甘い見込みでしかない場合が多いのです。

Aさんの友人の一人が最近、とても羽振《はぶ》りがいいのです。

車を買い替えたり、高価な商品を買い込んだり、豪勢な旅行に出かけたり、急に金回りが良くなったのです。

何かで大儲けした様子なので、話を聞くと、「株で儲けた」と言います。

その話を聞いて、Aさんはうらやましく思い、「私も株をやれば、大儲けできるかもしれない」と考えました。

「株で大儲けしたら、私もあの人のように豪勢な暮らしができる」と、夢も広がりました。

そこで、Aさんは、なけなしのお金をはたいて株を始めたのですが、結局は大損してしまいました。

現実は、それほど甘くはなかったということなのです。

このようなケースは、このほかにもよくあるのではないでしょうか。

株で儲けている人も実際に多いでしょう。

それは、日頃から株のことを勉強し、色々なことを試して経験と知識を重ねていった結果でしょう。

そんな**勉強も経験も知識もなしに、単に「あの人が儲けているから、自分もやってみよう」というやり方では成功は望めない**のです。

しっかりとした土台が備わっていない人が、うらやましく思う人と同じことをしたとしても、結局は、大きな失敗をしてしまうだけなのです。

何かにチャレンジするなら、土台をつくってから始めるほうがいいと思います。

土台をつくってから、新しいことにチャレンジする

「あそこは運がいい」とうらやましがるだけの人には、成長はない

「福の神」という言葉があります。

人々に幸運や利益をもたらしてくれる存在のことを言います。

日本では、恵比寿様や大黒様などの七福神を、福の神として信仰する風習が古くからありました。

今でも、縁起をかついで、お店や会社のオフィスなどに、恵比寿様と大黒様を福の神として置いていることがあります。

また、招き猫などを福の神として置いているところもあります。

ちなみに、百貨店の三越銀座店では、屋上に「出世地蔵尊」と呼ばれるお地蔵様を、福の神として祀《まつ》っています。

当然のことですが、恵比寿様や大黒様や招き猫を置けば、それですぐに商売繁盛、会社

の経営がうまくいくというものではありません。

商売や経営がうまくいくのは、それに携《たずさ》わっている人たちの日頃の努力の賜物《たまもの》なのです。

毎日毎日、一生懸命努力して、商売や経営の土台をしっかりと築き上げてきたからこそ、うまくいっているのです。

傍《はた》から見ている人が、そんな隠れた努力に気づかず、儲かっているお店や会社のことを、「あそこは運がいい。きっと福の神がついているんだろう」とうらやましがるのは、ちょっと筋違《すじちが》いではないかと思います。

単に「運がいい」からではなく、そこには長年の隠れた努力があるはずです。

うまくいっているお店や会社を見て、ただ「あそこは運がいい。うらやましい」と思っている人は、きっと、自分ではなんの努力もしたくないのでしょう。

福の神が自分のところにやってくるのを、ただボーッと待っているだけではないでしょうか。

それでは、自分の夢を実現させることはできません。

そこにある隠れた努力に気づく

努力は隠し、人前では悠々自適としている

次のようなことを言う人がいます。

「あの人は、悠々自適《ゆうゆうじてき》の生活でいいなあ。ちっとも苦労なんてなさそうだ。それに比べて私ときたら、毎日、生活のためにアクセク苦労ばかりしている。そんな自分が嫌になってくる」

そして、その悠々自適の人と比べて、「なんて自分は恵まれていないんだ」とふてくされて、やる気を失ってしまう人もいます。

その悠々自適の人が、本当になんの苦労もなしに生活しているのかと言えば、実際にはそんなことはないはずです。

その人はその人なりに、苦労の多い生活を送っているのではないでしょうか。

しかし、それを表に出さず、人前では悠々自適に振る舞っているだけなのではないかと

思います。

そんな相手の表面的なものばかりを見て「うらやましい」と思い、引いては自分の仕事や人生への意欲を失ってしまうのは愚かなことです。

忍者学の世界に、「水鳥の教え」というものがあります。

白鳥のような水鳥は、一見、悠々として見えます。

しかし、水中では、水かきの足を一生懸命になってバタバタと動かしているのです。

そんな水鳥のように、人間も、「人の目の見えないところで一生懸命努力して、人には自分の苦労を見せてはいけない。人前では、悠々自適な姿を見せているのがいい」というのが、忍者の「水鳥の教え」です。

悠々自適に見える人も、見えないところで努力しているのです。ですから、悠々自適の人を見て「うらやましい」と思うのではなく、自分がやるべきことをしっかりと進め、実力をつけていくほうがいいでしょう。

それが、自分の人間的な成長につながると思います。

「水鳥の教え」から、人としての生き方を学ぶ

目立たない努力を続けられる人こそ、すばらしい

古代中国の思想書に『老子《ろうし》』があります。

又の名を、『老子道徳経《どうとくきょう》』とも言います。

紀元前六世紀頃に成立したと言われています。

孔子《こうし》、また、ブッダやキリストなどが活躍した時代よりも昔です。

「老子」には「偉大な先生」という意味があり、「実在した人物の名前ではない」という説もあります。

実際には誰がどのような経緯で書いた書物なのかはっきりわかっていないのですが、『老子』の書は後世の思想家たちに大きな影響を与えました。

この『老子』に、次のような言葉があります。

「賢人は、歩いてきた道に足跡《あしあと》を残さない」

この言葉にある「足跡」は、「努力の跡」を意味しています。

「賢人は、何かを成し遂げるに当たって努力してきた跡を残さないものだ」と言っているのです。

つまり、「その人によって成し遂げられたこと自体は輝かしいものだが、それを成し遂げるに当たっての努力をひけらかしてはいけない」という意味です。

実際、その人が、どんな大変な努力をしてきたかはわかりません。

そのような、**決して目立つことがない、地道な努力によって、大きなことを成し遂げる人こそが、偉大な賢人**なのです。

いわば、目立たない努力を続けられる人は、周りの人たちから、うらやましく思われる存在ではないかもしれません。

しかし、本当の意味で尊敬すべき人は、このような目立たない努力を続けられる人なのかもしれません。

努力の跡を残さない生き方がいい

土台がない人は、結局、「一発屋」で終わってしまう

時に、それほど努力はしていないのに、華やかなパフォーマンスだけが目立って、世間から注目を浴びる人がいます。

そういう人の表面的な華やかさに惹《ひ》かれて、「うらやましい。私は、あんな人に憧れる」と思う人もいるでしょう。

そうした、人をうらやむだけの人は、すぐにダメになってしまう場合が多いようです。

結局、努力が足りないために、しっかりした自分の土台ができ上がっていないからです。

しっかりした土台に立っていない樹木は、すぐに倒れてしまうといいます。

芸能界には、「一発屋《いっぱつや》芸人」という言葉があります。

若手の芸人が、派手なパフォーマンスで脚光を浴びます。

テレビなどのマスコミにも、ひっぱりだこで、芸人仲間などからも、うらやましがられ

ます。

しかし、脚光を浴びるのは、その一発の芸だけで、その後まったくウケなくなって、やがて芸能界から姿を消してしまうのです。

そのように、脚光を浴びてもすぐに消えていってしまう芸能人を「一発屋芸人」と言うのです。

一発屋芸人と言われる人は、きっと、芸能人としての土台、つまり、実力がしっかり築かれていなかったのでしょう。

一般の会社などでも、派手なことをして一時的には脚光を浴びても、すぐにダメになってしまう社員がいるのではないでしょうか。

いずれにしても、そのような一発屋をうらやましく思ってもしょうがありません。

それよりも、長続きするためには、自分自身が、そんな一発の芸だけで終わる、一瞬の人にならないように、自分の土台をしっかりとつくり上げていくことが大切です。

一発屋で終わらない人になる

若い人をうらやましく思うより、再起する努力を始める

過去の自慢話ばかりをしている人がいます。

そんな人の心の内にあるのは、現在活躍し、輝いている人を「うらやましい」と思う気持ちです。

たとえば、会社で若い人たちを前にして、ベテランの社員が言います。

「今、大きな利益を上げているあの取引先を、初めて開拓したのは、この私なんだ」

「私が若い頃は、新しいことにどんどんチャレンジしたものだ。時には社長に叱られることもあったが、それでもチャレンジ精神を失わなかった」

「若い頃は海外を飛び回って、市場を開拓していったものだ。怖いもの知らずで、がんばっていた」

若い人には、うるさく感じられるほど、そんな自慢話を繰り返し延々と話し続けます。

そういうタイプのベテラン社員は、今現在はおそらく伸び悩んでいるのでしょう。

これといった活躍ができずに、会社で埋《うず》もれた存在になっているのだと思います。

一方で、どんどん実力を伸ばし、バリバリ活躍している若い人を、うらやましいと思いながら見ています。

同時に、ふがいない状況にいる自分自身に悔しい思いが込み上げてきて、ついつい過去の自慢話が口から出てきてしまうのです。

しかし、そんな過去の自慢話は、周りの人たちから嫌がられるばかりでしょう。

若い人を見て「うらやましい」と思うのであれば、**改めて自分自身を見つめ、自分の土台をつくり直してみたらどうか**と思います。

そして、もう一度、脚光を浴びる存在になるためのチャレンジを始めるのです。

年齢など関係ありません。何歳になっても、やる気になればできないことはないのです。

何歳になってもチャレンジ精神を忘れない

植西 聰（うえにし・あきら）

東京都出身。著述家。
学習院大学卒業後、資生堂に勤務。
独立後、人生論の研究に従事。
独自の『成心学』理論を確立し、人々を明るく元気づける著述活動を開始。
1995年、「産業カウンセラー」（旧労働大臣認定資格）を取得。

◎主な著書
『「折れない心」をつくる たった1つの習慣』（青春出版社）
『平常心のコツ』（自由国民社）
『「いいこと」がいっぱい起こる！　ブッダの言葉』（三笠書房・王様文庫）
『話し方を変えると「いいこと」がいっぱい起こる！』（三笠書房・王様文庫）
『マーフィーの恋愛成功法則』（扶桑社文庫）

『ヘタな人生論よりイソップ物語』（河出文庫）
『「カチン」ときたときのとっさの対処術』（ベストセラーズ・ワニ文庫）
『運がよくなる100の法則』（集英社文庫）
『「運命の人」は存在する』（サンマーク出版）

◎近著

『不動心のコツ』（自由国民社）
『いつまでも若々しく生きる！　小さな習慣』（辰巳出版）
『逆境を乗り越える50のヒント』（PHP研究所）
『孤独の磨き方』（毎日新聞出版）
『眠る前に1分間ください。明日、かならず「良いこと」が起こります。』（キノブックス）
『不動心のコツ』（自由国民社）

「うらやましい」がなくなる本《ほん》

2018年6月20日　　　第1刷発行

著　者 —— 植西《うえにし》 聰《あきら》

発行者 —— 長坂嘉昭
発行所 —— 株式会社プレジデント社
〒102-8641　東京都千代田区平河町2-16-1
http://www.president.co.jp/
電話　編集 (03)3237-3732
販売 (03)3237-3731

装　幀 —— スパウト
編　集 —— 小松卓郎、岡本秀一
制　作 —— 関 結香
販　売 —— 桂木栄一、高橋 徹、川井田美景、森田 巌、遠藤真知子、末吉秀樹

印刷・製本 —— 凸版印刷株式会社

 ISBN 978-4-8334-2280-2
Printed in Japan